ビジネス モデルづくりの センスを身につける

～ 考え方のコツ、教えます ～

慈　博雄
Utsumi Hiroo

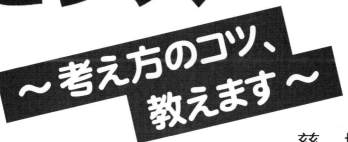

はじめに

　今や世界中の人々の間で大人気の YouTube。無料で動画を見て楽しむことができ、動画投稿者にも収益が入り、YouTube 自身も利益を得ているという夢のような「ビジネスモデル」です。このような凄い「ビジネスモデル」を作ることができたらいいなと憧れたことがある方も少なからずいるのではないでしょうか。

　ただ指をくわえて見ているだけでは何も起きません。ひょっとするとあなたにも凄い「ビジネスモデル」が作れるかもしれません。

　しかし「そうはいっても、ビジネスモデルを作るには何をどうすればいいの？」ということが頭によぎるのではないでしょうか。

　本書では、これからビジネスモデルを作ってみたいと思っている方に「ビジネスモデルづくり」に必要なことは何なのか、考え方や押さえておくべきポイントをわかりやすく順を追って解説します。

　そもそも、ビジネスモデルとはなんでしょうか？　定義には諸説ありますが、共通するキーワードは「ビジネスとして収益を上げる仕組み」と「お客さまに喜んでもらえる新しい価値の提供」です。

　ビジネスモデルはフローチャートのように考えていけば自動的に答えが出てくるようなものではありません。ビジネスモデルを作るには、そこに至るまでの「考え方」や「センス」というものが必要とされるのです。例えば、新しい商品や事業を考える時に、みなさんは次のような考えをどう思うでしょうか。

「新しい技術から考えるとよい」
「お客さまの声からニーズを探ればよい」

「誰も思いつかないことをゼロから考えるとよい」
「現状の問題点を把握し、その解決策から考えるとよい」
「世界中から良いものを取り寄せて研究し、そこからどれにも負け
　ないものを考えるとよい」
「自分たちが得意とする分野（差別化できる所）で儲けるとよい」

　これらはいずれも間違いではありませんが、ビジネスモデルを作るために身につけておきたい考え方やセンスに照らし合わせて言うと不十分なものばかりです。本書を読み終えた後にこれらを読み直すと、ここで言う「不十分な所」が見えるようになります。この「不十分な所」を見抜いて補える能力こそが「ビジネスモデルづくりのセンス」なのです。

「何をつくるか What の世界」と「どうつくるか How の世界」

　私は株式会社デンソーに入社してからの24年間は事業部の技術部で製品を世に出すための開発と設計をしていました。製品開発設計の仕事とは、顧客であるクルマメーカーからの要求を実現する製品、例えばエンジン制御ユニット等の製品を開発し工場へ生産手配するものです。
　私が携わっていた製品開発設計は作ろうとするモノが明確でしたので次ページの図中B「どうつくるか How の世界」に相当します。職場仲間と共に日々この「How の世界」に専念し邁進していました。目の前の要求仕様と納期を遵守することに一生懸命でしたので、新しい事業や商品づくりについて考える余裕などない状況でした。私が経験したこの「How の世界」における職場の状況は、製造業を中心とした日本の多くの職場でも同様なのではないかと思います。

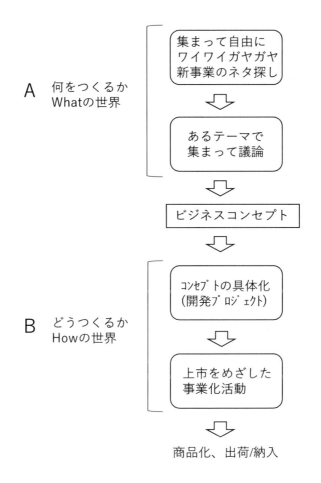

A　何をつくるか
　　Whatの世界

集まって自由に
ワイワイガヤガヤ
新事業のネタ探し

あるテーマで
集まって議論

ビジネスコンセプト

B　どうつくるか
　　Howの世界

コンセプトの具体化
（開発プロジェクト）

上市をめざした
事業化活動

商品化、出荷/納入

図1　「何をつくるか What の世界」と「どうつくるか How の世界」

参考資料1，2の『四つの「集団」』を参考に筆者作成
『四つの「集団」』は次のコラムを参照してください

その後、私は社内の技術研修所に異動し10年以上の間、新しい事業や商品づくりの社員研修に携わることになり、図中Aの「何をつくるか Whatの世界」に焦点をあてた研修企画とその講師として研修受講生と対話してきました。

　この時期からバブル崩壊やリーマンショックなど日本社会が受けた大きな変化の影響もあり、社内では「Howの世界」で愚直に対応するだけでは儲からなくなったことに危機感を持つようになりました。そして、かつては製造業でよく行われていたものの近年では衰退気味になっていた「何をつくるか Whatの世界」にも力が入るようになってきました。

　しかしながら「Whatの世界」に挑戦する人の多くは苦悩していました。今でも日本中で多くの人が苦闘しているのではないかと思います。その理由のひとつは、「Howの世界」で上手に進める「センス」と「Whatの世界」の「センス」とが異なるためです。

　本書ではまず具体的な事例を通じて「Whatの世界」を知り、「Howの世界」との違いを感じていただきたいと思います。それによって「Howの世界」中心の考え方を脱却し、「Whatの世界」の「センス」を身につける一歩を踏み出すきっかけとなればと思います。

コラム

四つの「集団」

　企業（主に日本の製造業）から新しい事業や商品を生み出すにはどうすればよいかを議論する際に参考となる『四つの「集団」』を、長年にわたり世界で勝てる日本企業の事業づくりを指導されている水島温夫氏の書籍『「組織力」の高め方』および『50時間の部長塾』（参考資料1，2）から紹介します。

四つの「集団」とは、①「場」②サークル ③チーム ④グループ のことで、それぞれ役割や性格が異なり次のように「共有するもの」と「アウトプット」というユニークな切り口で整理されています。

「場」　　　　　共有するもの：時間と空間
　　　　　　　　アウトプット：出会い、きっかけ（テーマ）

「サークル」　　共有するもの：価値観（テーマ）、問題意識
　　　　　　　　アウトプット：事業コンセプト

「チーム」　　　共有するもの：明快な目標、青写真
　　　　　　　　アウトプット：事業の具体化

「グループ」　　共有するもの：所属、属性、運命共同体意識
　　　　　　　　アウトプット：事業組織の存続

　これらを図示すると図2のようになります。

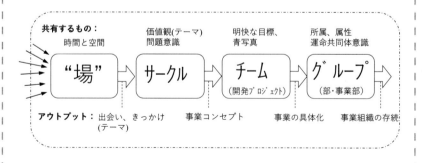

図2　四つの「集団」

著者水島氏によると、世界に存在感を示してきた日本企業は、四つの「集団」を回すことで革新と創造を続けてこれまで成長してきましたが、昨今の多くの日本企業（主として製造業）においては図2の右半分（明快な目標に対する組織的な取り組み）は強いものの左半分（事業コンセプトをつくるまでの「場」と「サークル」による取り組み）は弱くなっていると指摘しています。また、日本企業が今後も進化・変化のスピードで勝ち続けるためには四つの「集団」によるイノベーションのサイクルを意識して速く回さないといけないと説いています。

　これらのことは私の企業における経験に照らし合わせてもズバリ的を射ており、新しい事業や商品を生み出すためのヒントがこのあたりにあると確信しています。

参考資料

四つの「集団」

１）水島温夫『「組織力」の高め方 新しい日本的経営で勝つ！』
　　PHP研究所，2005
２）水島温夫『50時間の部長塾 グローバル時代閉塞突破の経営』
　　生産性出版，2012

本書の構成

　考えたアイデアをビジネスモデルにするまでの手順として世間ではいろいろな方法が紹介されていますが確立されたものはないと思います。そのような中で本書では、読者のみなさんが考えたアイデアをビジネスモデルにまとめ上げるまでのひとつの思考ステップに沿った章立てにしています。

　各章では、ビジネスモデルづくりに必要とされる基本的な知識や「What の世界」を中心とした考え方を紹介しています。

「もし自分が新規事業の立ち上げをまかされたらどうするのか？」くらいの場面を想定しながら、本書に沿ってご自身で考えてみることにより、「ビジネスモデルづくり」で一番大切な「センス」とは何かを探し出していただけると幸いです。

　そして、より高い視点、広い視野から新しい商品や事業づくりに挑戦していただくことを願っています。

目　次

1章

新しい事業や商品のアイデアを
自分なりに考える

あなたにとっての「お客さま」は誰ですか？

　私の勤めていた会社は、主に自動車メーカーに納入するシステムや製品を開発・設計・製造しており、それに携わる者が多くいました。私もその一人として自動車・小型船舶・オートバイ用のエンジン制御機器やディスチャージヘッドライトの点灯制御機器の開発設計をしていました。

　その後、社内講師となり社内の若手技術者約 1,500 名と研修を通して様々なやり取りを重ねてきました。その中で、新しい商品や事業を考える研修の際、受講生である若手技術者に「あなた、あるいはあなたの部署のお客さまは誰だと思いますか」と尋ねることがよくありました。

　たいてい次のような２つの答えが返ってきました。ひとつは「自社のシステムや製品を納入している自動車メーカーがお客さま」で、もうひとつは「クルマを利用する人がお客さま」という返答です。「自動車メーカーがお客さま」と考える人は、自動車メーカーに要望通りのシステムや製品を納入して対価を得ているからだと言い、「クルマの利用者がお客さま」だと考える人は、自社のシステムや製品を実際に使っていただいているからだと言います。

　確かに仕事としては自動車メーカーの要望を満たすものを納入して対価を得ているので、目の前の「お客さまは自動車メーカー」というのも間違いではありませんが、新しい商品や事業を考える時は、自動車メーカーの向こう側にいる「クルマの利用者」が本当のお客さまであると考える方が適切であると思います。そして「自動車メーカー」の要望だけでなく「クルマの利用者」の要望（場合によっては「クルマの利用者」自身が気づいていない要望）までも考えることが大切です。

本書ではこの「クルマの利用者」に相当する人をエンドユーザーと呼び、このエンドユーザーの視点を大切に考えながら話を進めていきます。

　このように「お客さまは誰か」ひとつとっても各人の認識を合わせないとみんなで議論した際にすれ違いが生じる恐れがあります。幸い本書で扱う分野は難解な用語や概念および数式は出てきませんので、本書で使用する用語をあらかじめ簡単に説明しておきます。

「製品」と「商品」

　製造業の会社内では「製品を開発する」「製品を出荷する」などの表現が日常的に使われていますが、お客さま（エンドユーザー）から見た場合は、お金を出して買うモノのイメージがある「商品」という呼び方が一般的です。すなわち、会社（作り手）から見れば「製品」、社外（買う人）から見れば「商品」ということです。

　このように「製品」と「商品」には異なる定義やイメージがあるとは思いますが、本書では「製品」と「商品」を同じモノとして捉え、エンドユーザーの視点を尊重して主に「商品」という用語を使います。

「商品」と「商品・サービス」

　企業が販売するモノには、実体のあるモノの場合もあれば、触る事のできないサービスの場合もあります。「商品」と呼ぶと実体のあるモノのイメージがありますが、商品開発をしている人たちの間で「商品」と言えばモノだけでなくサービスも含まれると考えるのが一般的です。本書も同様に考えています。

「B to B」と「B to C」

　マーケティングに詳しい方にとっては、B to B、B to Cという言葉を知らない人がいることに驚くかもしれませんが、製造業の会社内でマーケティング以外の分野を専門としてきた人の中にはこの用語が初耳だという人は結構見受けられます。

　まず「B to B」ですが、「B」は企業（Business）を表しています。そのため「B to B」は企業が企業を対象に行うビジネス形態を指します。例えば自動車メーカーのサプライヤが自動車メーカーを対象に行う取引は「B to B」です。

　「B to C」の「C」は、一般消費者（Consumer）を表しています。そのため「B to C」は企業が一般消費者を対象に行うビジネス形態を指します。例えば家電メーカーや化粧品メーカーが一般消費者を対象に行うビジネスは「B to C」です。

ところで、事業の定義って何でしょう？

　事業の定義には色々あると思いますが、マーケティング分野の人たちがよく口にする有名で簡単な表現として「誰に」「何を」「どのように」というのがあります。これらの意味を確認するために、経済学者デレク・F・エイベル氏の著書『事業の定義』（参考資料1）の「事業定義のための3次元」と照らし合わせて考えてみます。

　「事業定義のための3次元」は、図3で示す3つの軸「顧客層」「顧客機能」「代替技術」で表わされます。そしてこれら3つの軸は「エイベルのCFT」とも呼ばれ、それぞれ「Customer（顧客）」「Function（機能）」「Technology（技術）」に対応します。ここで「Function（機能）」は「顧客価値」、「Technology（技術）」は「実現方法」と捉えると理解しやすくなります。

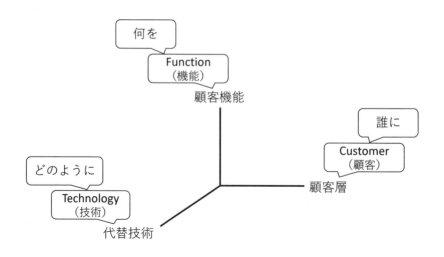

図 3　事業定義のための 3 次元

（参考資料 I を基に筆者が吹出しを追加）

　これらの 3 つの軸を「誰に」「何を」「どのように」に対応させると次のようになります。

誰に ＝ Customer（顧客）＝ 対象とする顧客（お客さまは誰か）
何を ＝ Function（機能）＝ 顧客へ提供する価値
　　　　　　　　（お客さまにとってのうれしさは何か）
どのように ＝ Technology（技術）＝ 実現方法（どのように実現するか）

　本書では、事業の定義を「誰に」「何を」「どのように」として話を進めます。自分がやりたい事業（あるいは商品・サービス）を考えるというのは、これら 3 つの要素を明確にすればよいということを意味します。「誰に」「何を」「どのように」のたった 3 つを考えるのは簡単そうに思うかもしれませんが、これらをなるほどと思え

る内容にまとめるのは結構難しいものです。誰にでも簡単にできることではないからこそ、ぜひ新しい事業や商品づくりに挑戦して欲しいと思います。

新しい事業や商品は、どういう順序で考えればいいの？

　事業の３要素である「誰に」「何を」「どのように」はバラバラに考えるものではなく、相互の関係も気にかけながら考えていく必要があります。そうは言っても３つの要素を同時に考えるのはかなり難しいことです。そのため「誰に」「何を」「どのように」のどれかを先に考え他は後回しになるのが普通です。この分野に詳しい人や経験者から助言としてよく聞くのは、「３要素を考える順序としては「誰に」「何を」「どのように」の順が良い」というものです。この考える順序のこだわりは、研究者や開発設計者など多くの技術者たちと研修で接してきた私にとっては大変興味深いポイントです。なにしろ多くの技術者は私も含めて逆の順序で考えがちだからです。

　例えば、世間で高精細なディスプレイが開発されたとします。多くの技術者の頭に浮かぶロジックは「今までにないこのような素晴らしい技術やモノが手に入り使えるようになった。これを△△に使用する商品を出せばそれを使う人はうれしいはずだ。早速この素晴らしい技術を搭載した商品を開発・設計して世の中に出そう。きっとお客さまは喜ぶこと間違いなしで沢山売れると思う」となります。
　このよくあるロジックは、最初に「どのように」（高性能なディスプレイの採用）を考えており、次に「何を」（視認性などのうれしさ）が頭をよぎり、最後に「誰に」（このような新商品を喜ぶお客さまは多くいるはず）という順序であり、「誰に」「何を」「ど

ように」の順序とは全く逆になっています。

「どのように」から考えるのは絶対に良くないというわけではありませんが、この例の場合、お客さまにとってのうれしさが高性能なディスプレイの採用から必ず出てくるとは限りません。技術者がいくら高性能なうれしさを訴えても、お客さまがそこにうれしさを感じなければその商品はあまり売れないことになります。「どのように」から考えると、せっかくいいものを作ったのに買ってくれるお客さまがいないという恐れがあるということです。

これに対して「誰に」と「何を」を先に考えて「どのように」を後回しにするとどうなるかですが、新しい事業や商品・サービスを考える時に「どのように」(技術の実現性や成立性など)の制約をいったん忘れてのびのび考えることにより、意外と面白いアイデアにつながる可能性があります。「どのように」を後回しにして考えると必ず新しい事業や商品の実現に結びつく保証はありませんが、よりビッグな新事業や新商品につながる可能性を秘めていますので試してみる価値はあると思います。

そして最終的には事業の3要素である「誰に」「何を」「どのように」の整合性を図ってまとめ上げなければ意味がありません。ステップごとに考えれば自動的に答えが出るようなものではなく、実際には全体を繰り返し考えることにより整合性のある考えに収束させていくとか少し先読みしながら手前から考えを固めていくなどの柔軟さも必要です。

本書では、2章で「誰に」と「何を」を、5章で「どのように」を扱っており、「誰に→何を→どのように」の順で解説する構成としています。慣れない思考プロセスかもしれませんがステップごとに考えていきましょう。

ニーズ思考とシーズ思考

　事業は「誰に」「何を」「どのように」の３要素で表現されるということと、これらの３要素はできることなら「誰に→何を→どのように」の順序で考えると、既存枠にとらわれず大きなアイデアに結びつく可能性があることを説明しました。

　これと似た考える順序として「ニーズ思考」「シーズ思考」という２つの思考方法があります。「ニーズ（必要とされていること）」から考えるアプローチと、「シーズ（技術のタネや実現方法）」から考えるアプローチです。最終的には「ニーズ」と「シーズ」の両者がマッチしないと意味がありませんので、２つの思考方法は、いずれを先に考えるのかという考える方向が異なるだけといえます。抽象度をほんの少し上げて言うと「欲しいもの」と「できること」のいずれを先に考えるかということになります。いずれにしても「ニーズ思考」と「シーズ思考」は新しい事業や商品づくりを考える際の基本ですのでしっかり押さえておきたいアプローチです。

　ちなみに、「ニーズ」と「シーズ」の場合はどちらを先に考えるかの二択ですが、「誰に」「何を」「どのように」は三択となります。本書では、「誰に」からと「どのように」から考えるアプローチの他に、「何を」つまり顧客へ提供する価値（お客さまにとってのうれしさは何か）から考えるアプローチも取り上げていきます。

今ある技術から考える

　事業は「誰に」「何を」「どのように」で表すことができ、できれば「どのように」は後回しにした方がよいと説明したばかりですが、技術に詳しい方を含め結構多くの方は「どのように」から考えることに慣れていると思いますので、まずはじめに「どのように」すなわち「今ある技術から考える」シーズ思考から説明します。

　有名な事例としてシャープ株式会社の液晶技術があげられます。1970 年台に液晶表示電卓に液晶技術が使われた後、電卓以外にも液晶技術が多数の商品に展開されました。時計、ワードプロセッサー、ゲーム、ビデオカメラ、カーナビ、電子システム手帳、ノートパソコン、携帯電話、テレビなど、液晶技術を活用した商品が多数開発されました。自社保有技術（液晶技術）を核として様々な商品に展開（用途開発）した典型的な事例です。

　京セラ株式会社は 1959 年にファインセラミクスの専門メーカーとして創業しこの分野の技術力の高さを武器に次々と事業を拡大してきました。京セラのホームページにもあるように、硬くて耐熱性、耐食性、電気絶縁性等に優れたファインセラミクスを原材料にして多数の市場（例えば、半導体、通信、情報機器、医療機器、自動車などの分野における商品）を開拓してきましたし、これからも益々拡げようとしています。

　東レは炭素繊維で、釣り竿、ゴルフクラブだけでなく、航空機の構造材に、さらには自動車へも市場を拡大しています。

　このような技術シーズの事例は周囲に多くあります。自社やご自身がコアとなる技術シーズを持っている場合は、世間にある事例を参考にして今ある技術を活用した新たな展開を考えるのも定石的なアプローチのひとつです。

イノベーションとは？　技術革新ではなかったの？

「イノベーション」と「技術革新」は同義語ではないと、多くの識者が繰り返して指摘しています。私もそう認識していますが企業内研修の講義後、若手技術者から「イノベーションとは技術革新ではないことを初めて知り大変勉強になりました」といった声を聞くことが今だによくあります。間違いに気づいて正しい認識を持ってもらえてよかったと思う一方で、本来の「イノベーション」の意味と異なるニュアンスの「技術革新」という訳語が広く普及していることに驚かされます。「イノベーション」と「技術革新」が同義語であるとの思い込みが、本来の意味である「新しいことを考えて社会に普及させること」の妨げとなっているのではないかと憂慮しています。

　そんな中、2019 年 2 月の NHK スペシャルに田中耕一氏が登場しイノベーションについて語っておられました（参考資料 2)。ご存知のように田中耕一さんは 2002 年にノーベル化学賞を受賞された方ですが、番組では 2018 年に科学雑誌「ネイチャー」に掲載された論文で再度世界的な注目を集めるまでの 16 年に及ぶ様々な苦闘を紹介していました。ノーベル賞受賞者ですが次の研究も楽々（と周囲が考えるような状況）ではなく、大変な苦労の末（苦闘と言った方がよいかもしれません）、血液一滴で病気を早期発見できる可能性のある分析技術で今回も社会に大きく貢献しようとしています。

　その田中耕一さんが番組の中でイノベーションについて次のようにお話されていました。「もともとイノベーションの日本語訳は『技術革新』ではなく『新結合』、あるいは『新しい捉え方』とか『解釈』です。いろいろな分野の方々が集まっ

て新しく結合する、新しい解釈をすることがイノベーションなわけです。失敗と思われることも、別の分野ではすごい発見になるかもしれない。もう少し柔軟に、広く解釈すれば、イノベーションはもっとたやすくできると思います。イノベーションを実際にやっている人も、単にくっつけただけじゃないかと思って、自分自身を低く評価している。そういった人たちに、もっと気楽に考えようよ、意外と簡単にできるよと伝えたい。」

　技術、対人関係、マネジメントなどの多方面で大変苦労されながら、本当に実践されてきた田中耕一さんご自身から発せられたこのようなお言葉には重みがあり大変感銘を受けました。

　みなさんも肩ひじをはらず少し気楽な気持ちで、社会に役立つことを普及できるよう考えてみてはどうでしょうか。

今ある市場から考える

　新しい事業や商品を考える際に、次ページの図4に示す2つの攻める方向を知っていると頭の整理になります。

　ひとつめ（図4A）は、前述の「今ある技術から考える」の所で説明したのと同じで、今ある技術を使って新しい市場や顧客へその範囲を拡げていこうという考え方を示しています。例として、シャープ（液晶技術）、京セラ（ファインセラミクス技術）、東レ（炭素繊維）がそれぞれの専門技術を核として市場を開拓してきたことは説明した通りです。

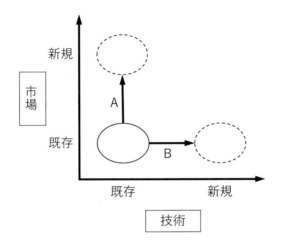

図4　新商品創出 2つの攻める方向

　ふたつめ（図4 B）は、今ある市場へ新しい技術を使った新商品を開発し投入しようという考え方を示しています。例えば任天堂は「リビングの娯楽市場」に、花札、トランプ、ファミコン、スーパーファミコン、Wii などの商品を開発し世に出してきました。タニタの場合は「健康のことを心配する市場」（市場名は筆者が作成）に、体重計、体脂肪計、体組成計、睡眠計、レシピ本、食堂などを開発してきました。

「今ある技術分野を固定して新市場を開拓する」と言っても実際には新しい技術が必要となるでしょうし、「今ある市場に固定して新しい技術で新商品を開拓する」と言っても市場を変えていく場合もあると思います。例えば、任天堂の場合、ゲーム機は既にリビングから外に飛び出しています。

　理屈の上では新しい技術を使って新しい市場を開拓してもいいわけですが、実際には技術も市場も同時に新しいもので挑戦するとい

うのは並大抵の努力では成功し難いと考えるのが普通です。そのため新しい事業や商品を考える際はいずれかのひとつ、すなわち今ある技術から市場範囲の拡大を考えるか、今ある市場から技術範囲の拡大を考えるかのどちらかで攻めるのが定石です。

アイデアのつくりかた、「根回しオヤジ」と「チャラ男」

　一般的にアイデアとはゼロから生み出すものとの思い込みがある中で、ジェームス・W・ヤング氏は書籍「アイデアのつくり方」（参考資料3）の中で「アイデアとは既存の要素の新しい組み合わせ以外のなにものでもない」と述べています。確かに世間で画期的と言われる新しいモノやコトが出てきた時でも、よく見ると以前からあったものの組み合わせであったり、時代にマッチさせたものだったりします。

　ゼロからアイデアを生み出すのは大変ハードルが高いだけに、ヤング氏の「アイデアは既存のものの新しい組み合わせである」という言葉は自分でもできそうな気持ちにしてもらえる有難い言葉です。

　もうひとつ、世界の経営学者の研究成果から最先端の知見を紹介する入山章栄氏の書籍「ビジネススクールでは学べない世界最先端の経営学」（参考資料4）に出てくる「チャラ男」と「根回しオヤジ」が「アイデアのつくり方」に関連していて大変興味深いです。

　入山氏によると「根回しオヤジ」とは、会社などの職場で毎日顔を突き合わせ同じようなことを考えている強いつながりの人間関係を持った人たちのことを指し、これに対して世

間の人とたまに話のできる程度の弱いつながり、言い換えればゆるやかな人的ネットワークを飛び回れる人たちのことを「チャラ男」と表現しています。「チャラ男」だけが集まっても事業化や商品化の実現は難しく、事業や商品の実現段階では「根回しオヤジ」の存在が必要ですが、密なつながりの「根回しオヤジ」ばかりだと新しいことを生み出すことは難しく「チャラ男」の存在が必要不可欠と説いています。

　私が勤めていた会社は日本の典型的な会社だと思っています。社内にはまじめで立派な「根回しオヤジ」が多くいました。日本の多くの会社も同様ではないでしょうか。信頼性の高い商品を世に出すためにはきちんとした組織と「根回しオヤジ」によるレビューが必要なのは当然のことですが、新しいことを考える際はアイデアづくりの可能性を秘めた「チャラ男」の存在も重要です。「チャラ男」は「はじめに」のところで説明した「どうつくるか How の世界」では元気がなくても「何をつくるか What の世界」ではいきいきと活躍してくれるはずです。職場などのすぐ近くの者同士が議論しても既に考えつくしている場合が多いため、チャラ男には思いっきり遠くのものを獲ってきてもらって組み合わせることにより斬新なアイデアがつくれるのではないでしょうか。

今ある顧客価値から考える

　事業は「誰に」「何を」「どのように」の３要素で表現されると繰り返し述べてきました。ここからは「今ある顧客価値から考える」アプローチを紹介します。これは事業の３要素の「何を（顧客にとってのうれしさは何か）」から考えていくもので、「このようなことに価値を感じる人たちがいる」といった顧客（エンドユーザー）のうれしさに着目したアプローチです。

「今ある顧客価値から考える」アプローチとして、ここでは技術の進展や商品・サービスの進展をあらためて振り返り、その先に何があるのかを考える事例を紹介します。「今ある技術」や「今ある市場」から考えるアプローチと似ていると感じるかもしれませんが、あくまでも既にある顧客価値視点で考える点が異なります。

　身近なところで体温計を事例に考えてみます。ずいぶん前からよく使われている水銀体温計の推奨測定時間は３分なのはご存知だと思います。その後、電子体温計が登場し測定時間は１分になりました。私事ですが先日、ある医院にインフルエンザの予防接種に行った所、受付で「体温を測らせていただきますね」と耳元１秒ほどで体温を測ってもらえました。あっという間の体温測定に驚くとともに便利さにうれしくなりました。体温計の測定時間は、技術の進展により３分→１分→１秒と短くなりお客さまにとってのうれしさは間違いなく向上しています。

　それでは次世代の体温計としてはどのようなものを開発すればいいのでしょうか。私は企業内の研修で技術者相手に「次に開発すべきは測定時間0.1秒の体温計で、その次は測定時間0.01秒の体温計ですよね？」と切り出してみました。幸いこの説明に首をかしげる受講生が多くいたおかげで「今ある顧客価値」の視点からもう少し

突っ込んだ議論をすることができました。測定時間が3分→1分→1秒の短縮はうれしいですが、1秒→0.1秒→0.01秒の短縮はあまりうれしいとは思わないという現実があります。

「測定時間が短いこと」はお客さまにとってうれしい話であり立派な顧客価値です。この「短時間測定」をひとつの「うれしさの軸」あるいは「価値軸」と表現すると（この場合の「軸」とは時間の軸でX軸のような一本の線だと思ってください）、測定時間0.1秒や0.01秒は、短時間測定の軸の上にあるものの、体温計を使う人にとってのうれしさの軸の上にはないのではないでしょうか。つまり体温計の短時間測定という価値軸の延長線上に体温計を買ってくれるお客さまはあまりいないと言うことです。

　技術視点で考えると0.1秒や0.01秒という短時間測定という価値軸しか見えませんが、そういう時こそ今ある顧客価値視点から新たな価値軸を考えるアプローチが重要となります。例えば、0.1秒や0.01秒で測定できる顧客価値を「短時間測定」ではなく「瞬時識別」「遠隔監視」「連続モニタ」などと新たに考えつくと、別の市場が見えてくる可能性があります。

　この場合、「誰に」「何を」（このようなことに価値を感じる人たちがいる）から考え始めているので「どのように」を考えるのは後回しにしています。「瞬時識別」「遠隔監視」「連続モニタ」などの新たな顧客価値を考えた新しい市場では、おそらく今の体温計の形も技術も異なることになると思います。例えば人の体に貼り付ける素子の開発や非接触の測定器具の開発が必要になるなどです。しかしながらこの段階で実現方法などの議論を始めると技術軸の議論が主となって価値軸を見失うことになりがちです。価値軸の議論に絞って考えることで被測定者の状態（例えば、怒っている、喜んでいる、体調が悪い、クルマの運転にふさわしくないとか…）がわかる新しい商品・サービスの開発につながるかもしれません。

以上が、今ある顧客価値から次の価値軸を考える（新たな軸を探す、今までの軸を軌道修正する）考え方です。既存と既存の新しい組み合わせも意識した上でこのようなアプローチで考えてみてはいかがでしょうか。多様な人が集まって議論すると、結構面白くて新たな軸を意外と簡単に見つけ出せたりします。

コラム

商品の機能・性能の向上と顧客価値の関係

　一般的に商品は改良や改善が加えられて時間とともにより良くなっていきます。時間とともに良くなると言っても商品の機能や性能が勝手に向上するわけではなく、それは関係者による日々の努力の賜物であり、そもそも企業がヒトやモノやお金を投入しているためです。継続的な努力や投資のおかげで商品は時間とともにその機能や性能が向上していくということです。それが図5の横軸であると捉えてください。図5の縦軸は顧客価値すなわち「お客さまにとってのうれしさ」としています。

　ここで両者（図5の横軸と縦軸）の関係を考えてみます。商品は時間とともに機能や性能が向上していきますが、それに伴ってお客さまにとってのうれしさも向上するのが一般的です。ところが図5のAの部分であまり上昇しなくなっています。技術屋用語で言うと、お客さまのうれしさがサチっています。このサチっている（サチュレートしている、飽和している）理由ですが、縦軸のお客さまにとってのうれしさというのは人間の感情的なものですので、それほど単純ではないことから来ています。モノがいくら良くなっても、それがそのままお客さまのうれしさには直結しないということです。

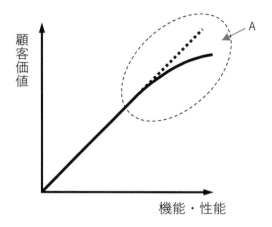

図 5　商品の機能・性能の向上と顧客価値の関係

　例えば、デジタルカメラが登場した頃を例にとって説明します。当初はデジカメの画素数は低く、銀塩フィルムを使った写真の鮮明さには及びませんでした。その後、デジカメを開発する会社および関係者の努力があって画素数は100万画素から200万画素、400万画素、800万画素へと性能向上しました。現在のスマホ搭載のカメラは 1,200 万画素を超えるレベルですので関係者の努力は凄いと思います。ここで私にとっての話であるとお断りしておきますが、画素数が400万画素になるまでのデジカメの性能向上は大変うれしいものでした。ところが400万画素を越えたあたりから私にとってのうれしさはサチり始めました。その理由は、当時デジカメで撮影した画像を家庭用プリンタでL版の大きさに印刷することが多かったためです。デジカメの400万画素が銀塩フィルム用カメラで撮影した写真とほぼ同等だったため、私にとってはデジカメ性能の進展が400万画素を越えるまではデジカメに不

満を感じながら日々の性能向上をうれしく思い、400万画素を越えたあたりから図5のAのようにこれ以上の性能向上にうれしさを感じなくなり始めたということです。

　もちろん商品の機能や性能が向上すると誰にとっても必ずうれしさがサチるわけではなく、別の使い方や視点から見れば大変うれしいものになる可能性があります。言いたいことは、お客さまのうれしさがどこにあるのかをよく考えずにモノの機能や性能（特定のスペック）の向上だけを開発目標にすると、あるレベルから受け入れてもらえなくなるお客さまが出てくる可能性があるということです。

　新しい事業や商品を考える際は、言われてみれば当たり前のこれらのことを念頭において、お客さまがどこにうれしさを感じるのかという人間の本質的なことまで考えることが大切なポイントです。

将来の社会像から考える

　新しい事業や商品を考えるためのアプローチとして、今までに「今ある技術から考える」「今ある市場から考える」「今ある顧客価値から考える」を説明してきました。これらの共通点は「今あるもの」から考えることでした。次に紹介するのは「今あるもの」からではなく「将来から考える」アプローチです。

「将来から考える」といっても将来のことは明確にはわかりません。また「将来はこのようになる」という予測的なものもあれば「将来をこのようにする」という自ら創り出す考え方もあります。いずれであっても新しい事業や商品を考える際に「将来から考える」とい

うのは、現状の課題からアイデアを出そうというのではなく、将来こういう問題が出てきそうなのでそこからアイデアを出そうとするところがポイントです。

「将来このようになると（こういう将来を創ると）このような社会的課題が予想されるので、今からそれに立ち向かっていくためにこのようなアイデアを実現したい」と考えるのがこのアプローチです。できれば将来のことを予測的に捉えるのではなく自らより良い将来を創り出していこうという気概を持ちたいものです。将来社会の課題解決のために高い理念を掲げ志を持って挑戦することは、より良い未来の社会づくりに役立つことになります。

　そんな中で肝心の将来どうなるのか（どうしたいのか）ですが、幸いなことに一人でゼロから考えなくても多くの学者、識者、経験者による様々な会議体の結果のまとめからヒントを得ることができます。例えば、日本の将来社会像としてずいぶん前（少なくとも10年以上前）から安全・安心、健康、少子高齢化、環境・エネルギー、都市と地方（地域の活性化）などのキーワードがよく取り上げられてきました。最近ではこれらの定番のキーワード以外に将来の社会像を示すものとしていろいろなものが取り上げられています。例えば、文科省の科学技術予測調査（参考資料5）では「科学技術や社会のトレンドを踏まえ、2040年に目指す社会像を得ることを目的として社会の未来像や基本シナリオを検討し公開」しています。

　また、より豊かな社会の実現を目的に策定された経産省の「新産業構造ビジョン」（参考資料6）では、「移動する」（ヒト、モノの移動）、「生み出す、手に入れる」（スマートサプライチェーン等）、「健康を維持する、生涯活躍する」（健康、医療、介護）、「暮らす」（「新たな街」づくり、シェアリング、FinTech）を日本の戦略4分野として2030年代に目ざすべき将来像と戦略を描いています。

内閣府の「経済財政白書」（参考資料7）では、消費行動分析の新たな視点として「ネットを利用した消費やシェアリング」「ビッグデータ・AIを活用した消費分析」や、人生100年時代の「労働市場」「人材育成」「雇用制度」などが記載されています。

　総務省の「未来をつかむ TECH 戦略」（参考資料8）では「注目すべき日本の社会構造の変化」から始まり「2030年代に実現したい未来の姿」として具体的なイメージを多数のイラストで提示しています。

　以上は識者によりまとめられた将来の社会像で、ネット公開情報だけでも詳しい情報に触れることができます。将来社会に向けた大きな流れとしてはこのような公開情報を作成された方々に敬意を払った上で大いに利活用させてもらえばよいと思います。そしてこれにみなさん自身の考えを重ね合わせ、自分で創り出したい未来、そこで予想される社会的課題、そしてそれに立ち向かう解決策を考えることで素晴らしい新事業や新商品・サービスにつながることになります。

Society5.0

　日本では内閣府が2016年の「第5期科学技術基本計画」（参考資料9）の中で「日本が目指すべき未来社会の姿」をSociety5.0として提唱しています。2017年の新産業構造ビジョン（経産省）では自らの戦略ビジョンを「日本の『第4次産業革命』をリードしグローバル競争を勝ち抜く具体的な戦略づくりの第一歩」と述べており、2018年の経済財政白書（内閣府）の最終章では「第4次産業革命の社会実装」から始まり「Society5.0の経済へ」で締めくくっています。ここで言う「第4次産業革命」とはドイツが提唱している製造業推進策のIndustry4.0のことです。

「第5期科学技術基本計画」によると Society5.0 とは、サイバー空間（仮想空間）とフィジカル空間（現実空間）が高度に融合した「超スマート社会」を未来の姿として共有し、その実現に向けた一連の取り組みのこととしています。「超スマート社会」は、経済発展と社会的課題の解決を両立する人間中心の社会で、人々に豊かさをもたらすことが期待されるものです。

　Society5.0 はネット検索で簡単に知ることができますので本書では詳細を省略しますが、「超スマート社会」のイメージは図6のとおりです。将来社会像の指針として参考になると思います。

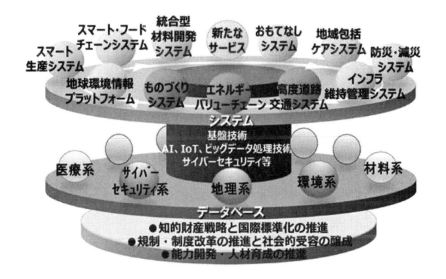

図6　Society5.0 を実現するプラットフォームのイメージ

（出所：参考資料10）

「あるといいな」と「ぜひ欲しい」の間の壁

　今までに企業内の研修として新しい事業や商品・サービスを考えるグループ討議を多数見てきましたが、最初は「このようなものがあるといいな」から始まることが大変多いです。その案に対し周囲の人も「それいいね」とは言うのですが「お金を出してまで欲しいと思わない」という話になることも多いです。

　図7は世間でよく言われていることをまとめた図です。一般的に「あるといいな」までは簡単にアイデア出しができるのに対し、お客さまに「ぜひ欲しい」と言わせて買ってもらえるまでにはなかなか至りません。両者の間に大きな壁があり多くの人がこの壁を乗り越えるのに苦労しているのが実際の所だと思います。ちなみに図7は自分のアイデアがどの段階にあるのかの頭の整理には役立ちますが、「ぜひ欲しい」と思わせる方法が得られる図ではありません。

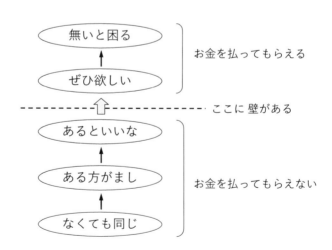

図7　「あるといいな」と「ぜひ欲しい」の間にある壁

この章で取り上げた、技術・市場・顧客価値・将来社会像を頭に置きながら、「誰に」「何を」「どのように」の３要素を明確にして、誰からも「ぜひ欲しい」と言われるような、できることなら「ないと困る」と言われるような事業や商品・サービスを考えたいものです。

　そうは言っても、「誰に」「何を」「どのように」を明確にし、しかも「ぜひ欲しい」とか「ないと困る」とまで言わせるものは簡単に思いつくものではありません。「あるといいな」と「ぜひ欲しい」の壁を乗り越えるにはどうすればよいのでしょうか？　次章でお客さまの視点から考えてみましょう。

参考資料

事業定義のための３次元

　１）デレク・F・エーベルほか『新訳 事業の定義－戦略計画策定の出発点』顕学社，2012

田中耕一氏コメント

　２）『NHKスペシャル 平成史スクープドキュメント 第５回 "ノーベル賞会社員" ～科学技術立国の苦闘～』，2019年2月17日放送

アイデアのつくりかた

　３）ジェームス・W・ヤング『アイデアのつくり方』CCCメディアハウス，1988

「根回しオヤジ」と「チャラ男」

4）入山章栄『ビジネススクールでは学べない世界最先端の経営学』日経
　　BP 社，2015

将来の社会像

5）文科省 科学技術・学術政策研究所『第 II 回科学技術予測調査 ST
　　Foresight 2019 の概要』，2019

6）経産省『「新産業構造ビジョン」一人ひとりの、世界の課題を解決する
　　日本の未来』，2017

7）内閣府『平成 30 年度 年次経済財政報告　〜「白書」：今、Society5.0
　　の経済へ〜』，2018

8）総務省 情報通信審議会 情報通信政策部会 IoT 新時代の未来づくり検討
　　会『未来をつかむ TECH 戦略』，2018

Society5.0

9）内閣府『第 5 期科学技術基本計画の概要』，2016

１０）内閣府『科学技術イノベーション総合戦略 2017 概要』，2017

2章

お客さまの視点で考える

エンドユーザー視点で考えると良いのはなぜ？

　前章で、自分がやりたい事業や商品・サービスを明確にするには事業の定義である「誰に」「何を」「どのように」の３要素で表現すればよいということと、これらの３つを考える順序としては「どのように」よりも「誰に」「何を」を先に考えた方が良いというひとつの流儀（こだわり）を紹介しました。「どのように」ありきで考え始めるとどうしてもできる範囲で考えようとするため月並みなアイデアに留まりがちです。「どのように」という手段すなわち実現方法の心配（制約）は後で考えるぐらいの思い切りのよさが大切です。

　私が B to B 業務（自動車に搭載する製品の開発設計）に没頭していた頃は「いつまでにこれを間違いなく実現すること」という要求が降りてくることが多かったです。いわゆる要求仕様対応です。納入先である顧客メーカーやシステムをとりまとめている部署からこのような要求が届くと、それをどう実現するかが最大の関心事となり、社内関係者および会社資源はそれに注力することとなります。その結果、「何を」作るとエンドユーザーは喜ぶだろうかということを忘れがちになります。極端に言うと、自分も会社全体も「何をつくるか What の世界」の能力が欠落してしまうことになります。そういう思考に陥らないためには「誰に」「何を」を意識的に考えることが重要です。

　本章では、この「誰に」「何を」の部分と、つい忘れがちで大切なエンドユーザー視点に力点をおいて説明します。

目的で議論するってどういうこと？

　事業や商品・サービスを考える際に、顧客へ提供する価値は何か
を考えることが重要であるにもかかわらず、実現する方法（手段）
にとらわれてしまいがちなことを指摘する有名な話に「ドリルと穴」
があります。

　みなさんの中にも日曜大工などで木や金属に穴をあける必要に迫
られ、多種多様な商品を取り扱っているホームセンターへ出かけた
ことがある方もいると思います。もし自分が工具メーカーに勤めて
いる商品開発者であるとすると、そのような人向けに「もっと性能
の良い、高機能で、多機能で魅力的なドリルを開発しよう」と会社
内で提案し開発に取り組むことが予想されます。ところがホームセ
ンターを訪れる購入者（エンドユーザー）にとっては穴をあけると
いう目的が（できれば安いコストで）達成できればその手段は何で
もよく、ドリルはあくまでも穴あけ手段のひとつにすぎません。こ
こを見落とすと工具メーカーは結果としてエンドユーザーが欲しい
と思わないドリル（売れないドリル）の開発に労力を注ぐことにな
る恐れがある、という教訓めいた話です。

　このドリルと穴の話は、セオドラ・レビット氏が50年以上前に
「マーケティングの近視眼」として顧客志向の重要性をハーバードビ
ジネスレビューで述べたものです。商品の機能のみに着目してしま
うのは多くの人が陥りやすいところですので注意したいものです。

　この「ドリルと穴」の話は、顧客志向（エンドユーザー視点）の
重要性を示しているのと同時に目的思考の重要性も示しています。
人は、何か目的があってそれを実現するために手段を手に入れよう
とします（そしてその対価としてお金を支払います）。けっして手
段を手に入れるのが目的ではありません。

事業や商品・サービスの議論をする時は、手段の議論をするよりも目的の議論をしたいものです。手段の議論ばかり続けていると、それを欲しいと思わないエンドユーザーの存在に気づけなくなるかもしれません。それよりも目的レベルで議論した方が、それをエンドユーザーが欲しがるものかどうかで考えることができ現実的で良いと言えます。

　そうは言っても多くの場合、つい手段の議論ばかりしている状態に陥ってしまいます。そうなってしまった場合は、その手段レベルのアイデアからもともとやりたかったこと（目的）は何だったのかを見直すために議論の流れを戻すとよいです。もともとやりたかったこと（目的）が達成できるのなら、最初に思いついたアイデア（手段A)に固執する必要はありません。別のアイデア（手段Bや手段C)に変えていくことで顧客に受け入れられるアイデアとなる可能性があります。

新たな価値を探すってどういうこと？

　お客さまによって好みや価値観は異なると考えるのが一般的ですので、新しい事業や商品・サービスを提供してもそれがそのまま全ての人に受け入れられることはまずありません。それよりも、このようなモノやコトを欲しがっている人たちがいる、あるいはこのようなことをうれしいと思う人たちがいる、というのを探し出したいものです。事業の3要素「誰に」「何を」「どのように」における「誰に」「何を」の部分です。このようなモノやコトがあるとうれしいとか欲しいと考える人たちを新しく探し出すということは、別の表現をすると「新たな価値の軸を探す」ということです。

　マーケティング分野で有名なコトラー氏は、顧客を切り分ける軸

として図8のように地理的変数（国、都市部／地方、気候など）、人口動態変数（年齢、性別、所得など）、心理的変数（ライフスタイル、パーソナリティなど）、行動変数（求めるベネフィット、ロイヤルティタイプなど）に分類しています。ただしこれらはあまりに有名で誰もが知っている定番の軸ですので、あくまでも自分の頭でユニークな顧客を切り分ける軸を考え出して欲しいと思います。

地理的変数	国、人口密度（都市部・郊外・地方）、気候 など
人口動態変数	年齢、世代、性別、所得、職業 など
心理的変数	社会階層（中流・上流）、ライフスタイル、パーソナリティ（社交的・保守的・野心的） など
行動変数	求めるベネフィット（品質・サービス・経済性・利便・迅速性）、ロイヤリティタイプ（無し・中・高・絶対的） など

図8　顧客を切り分ける軸

（参考資料Ⅰを基に作成）

　例えば、年齢別に切り分けるとか地域別に切り分けるなどの普通の切り分け方よりも、人に基づいた切り分け、すなわち人間の本質的な気持ちや欲求に基づいた切り分けの方が共感を呼ぶ軸を作ることができます。図8を参考にした上でさらにもう一歩踏み込み、「このようなことに価値を感じる人たちがいるのでは？」という視点からも考えて「新たな価値の軸探し」にぜひとも挑戦してみてください。簡単ではありませんが創造的で楽しい作業であると思います。

　時々、研修受講されている方から「新たな価値軸を導き出す手順

を教えてください」という要望を受けることがあるのですが、「そのような自動生成ツールはありません。ご自身のセンス、感性や想像力を駆使して導き出してください」とお答えするのが実際のところです。この創造的な作業の時には右脳を多く使うと言われています。左脳を使った分析モードだけでは導出できないものです。日々の仕事は左脳中心で緻密に考えるにしても、新たな価値軸を探す際は右脳も多く使ってのびのび楽しく（実際には拠り所がなくて楽しいというより苦しいかもしれませんが）、直感とか洞察とかもひっくるめながらトライしてください。みなさんにはそれぞれの分野における経験がありますので、こうじゃないかという直感や閃きみたいなものが意外と的を射ていたりすることがあります。

顧客を切り分ける軸の事例 / 喫茶店市場

「このようなことに価値を感じる人たちがいる」というような新たな価値軸を見つけるのは簡単な作業ではありませんし、誰でもできてしまう手順やマニュアルなどもありません。新たな価値軸を自動で生成するソフトウェアやロジックなど無いからこそ自分ならではのセンスが活かせるやりがいや面白さがあると思います。

　以下、喫茶店市場を事例に考えてみます（人により価値観は微妙に異なりますし、お店に尋ねてまとめた事例ではありません。参考程度に考えてください）。次ページの図9では喫茶店市場全体を、縦軸と横軸で4つの領域に分けています。縦軸は「おいしいコーヒーが飲める」領域（上半分）と「コーヒー以外で楽しめる」領域（下半分）に切り分けています。「コーヒー以外で楽しめる」の具体例は、動物とのふれあい、スポーツ観戦、おしゃべり、雑誌などです。横軸は「手軽にすぐ飲める」領域（左半分）と「ゆっくり飲める」「オシャレな雰囲気」の領域（右半分）に切り分けています。

この図ではスターバックスが、おいしいコーヒーが飲めてオシャ
レな雰囲気でゆっくり飲みたい人たちを市場全体から切り分けて対
象にしていることを表しています。すべての人を対象にしてもいい
わけですが、スターバックスは顧客をこのような価値観の人に絞り
サービスを提供しているということです。

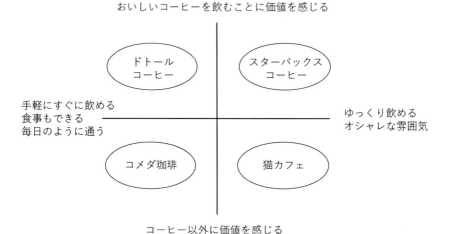

おいしいコーヒーを飲むことに価値を感じる

ドトール
コーヒー

スターバックス
コーヒー

手軽にすぐに飲める
食事もできる
毎日のように通う

ゆっくり飲める
オシャレな雰囲気

コメダ珈琲

猫カフェ

コーヒー以外に価値を感じる
（動物とのふれあい、スポーツ観戦、おしゃべり、雑誌目当て）

図9　喫茶店市場の切り分け例

　同じ図9でドトールコーヒーは、おいしいコーヒーを手軽にすぐ
飲みたい人たちを対象にしていることを表しています。駅などのあ
わただしい場所なのにコーヒーを楽しんでいる人たちをよく見かけ
ます。
　横軸の左半分を「食事もできる」「毎日のように通う」とすると、
図9の左下の領域にコメダ珈琲が位置するように思います。右下は
縦軸の下半分が「動物とのふれあい」なら猫カフェになります。

喫茶店市場は図9で紹介した切り分け以外にも様々なものが考えられます。例えば、

「高いコーヒーが飲みたい」、「安いコーヒーが飲みたい」、「めずらしい外国のコーヒーが飲みたい」、「本を読みながら飲みたい」、「王様気分（女王様気分）を味わいたい」、「香りを楽しみたい」、「インテリアを楽しみたい」、「グッズを集めたい」、「歴史を知りたい」等々。

　このような感じで完璧でなくていいですので新たな価値軸を考え自分が考える事業や商品・サービスが対象とする顧客を切り分けてみてください。ただし切り分けに凝って細かくし過ぎると対象者が極端に少なくなり事業をする上で困る（お客さまがほとんどいない）ことになりますので注意が必要です。

　なお顧客を切り分ける軸は必ず2本でないといけないというルールはありません。多数の軸で切り分けても構わないのですが、空間を多数の軸で分けた領域を考えるのは難易度が高いので、できる範囲（2軸）で可視化しているにすぎません。工夫すれば3つの軸ぐらいなら考えたり図として表現できると思いますので3軸で表現したい方はトライしてみてください。

顧客自身が気づかないうれしさに顧客が喜ぶってどういうこと？

　P&Gの歯磨き粉クレスト（Crest）の話を紹介します（「クレスト」はP&Gのオーラルケア商品のブランドです）。P&Gのホームページに掲載されている「ロングセラー誕生物語」（参考資料2）によるとP&Gが歯磨き粉を発売し始めたのは1955年だそうです。ずいぶん前ですがこの頃は既に歯磨き粉市場はありましたのでP&Gはこの市場に後から参入したことになります。参入当時は、歯磨きで歯を清潔にするのが主目的で、虫歯になれば歯は治療するものという

のが一般的な考え方でしたが、P&Gは「虫歯を予防する」という当時としては新しいコンセプトで歯磨き粉を開発し、大変な苦労の末、販売にこぎつけたとのことです。

　さらに「ロングセラー誕生物語」よると、P&Gは従来の概念に無い「歯を白くする」ことを売りにした歯磨き粉を1990年代に商品化し、現在でも「笑顔を美しくする白い歯」のための商品を多数販売しています。「虫歯を予防する」歯磨き粉が日常的に使われている当時に「歯を白くする」という新たな考えを打ち出して新商品を開発し、その新たな考えをうれしいと思う顧客が実際に多数いて市場が拡大した、というのは開発者冥利につきる話だと思います。しかしながらこのようなことの実現は容易なことではありません。

　それではP&Gが従来の価値軸を変え、かつ顧客に喜んでもらえる商品を開発できた重要なポイントについて考えてみたいと思います。「虫歯を予防する」歯磨き粉市場が成熟している中で、新商品の開発者が一般ユーザーに「当社はこれから新しい歯磨き粉を開発しようと思います。みなさんどのような歯磨き粉が欲しいですか」と尋ねたとします。これに対して「今ある歯磨き粉で十分間に合っているので特に新たな要望はない」とか「どのメーカーの歯磨き粉も大差ないので少しでも安い歯磨き粉が欲しい」と答える人が多いのではないでしょうか。

　これに対しP&Gの場合は、「当社の歯磨き粉を使うと虫歯を予防します」ではなく「当社の歯磨き粉を使うと歯が白くなります」を売りにしたことにより多くの顧客から歓迎されたということです。顧客にとっての価値で説明すると、虫歯予防という基本的な価値は当たり前として、それに加えて歯が白くなるという新たな価値を顧客に訴求して多くの人に受け入れられたということになります。歯磨き粉ユーザーに「どんな歯磨き粉が欲しいですか？」と尋ねた時

に「歯が白くなる歯磨き粉が欲しい」という意見が出なかったのは、ユーザー自身が「歯を白くしたい」というニーズに気づいていなかったのですからそういう意見が出るはずもありません。

　この話のポイントはユーザー自身も気づいていなかった潜在ニーズ（新たな価値）を発掘した点にあります。

　潜在ニーズはフローチャートのように自動的にみつけられるようなものではありません。世界中の歯磨き粉を集めて性能と価格を調べて分析モードで議論しても「白い歯になる歯磨き粉が求められている」という結論は出てきません。潜在ニーズに気づいて実際に発掘した後なら、誰でも「そのような市場ってあるよね。私もそう思っていた」とか、「誰でも思いつきそうな市場だよね」と言いがちです。しかしながら誰も気づいていない時に潜在ニーズ（新たな価値）を探し当てるというのは大変難しいことです。よく「ニーズは顧客に聞け」と言われます。これはこれである程度のニーズ（顕在ニーズに少しアイデアを加えた程度）は把握できるかもしれませんが、今までの説明でおわかりのように顧客に聞いても潜在ニーズを発掘できるとは限りません。

　こんな所にこのような新しい価値を感じる人たちがいるといったセグメントを見つけ出すこと（今までにない顧客価値を掘り起こすこと）は、創造的なものであり分析的なものではないことをこのような事例からまず理解することが必要です。そしてそれを顧客に尋ねることなく見つけ出せるようになるには、左脳（分析モード）だけでなく右脳（創造的なセンス）を強く働かせることが必要です。誰にでも簡単にできる決め手はないものの、まずは以上のような基本的で重要な構図を理解した上で日頃からいろんなことに関心を持って見聞きし、考え、試してみる努力を続けると、意外と誰でもあっさり新しい価値の軸を探し出すことができるかもしれません。

もう一度、「顧客価値」ってどのようなものだったっけ？

　顧客価値とは、顧客が適正と認める価値のことで平たく言うとお客さまにとってのうれしさのことです。商品の提供側から見ると顧客へ提供する価値のことであり事業の3要素のひとつである「何を」に相当します。なお、本書で「何を」は「顧客価値」「提供価値」「お客さまのうれしさ」と同じ意味の用語として使用しています。

　当たり前の話ですが、「商品・サービス自体の価値」が大きければ大きいほど顧客価値（お客さまにとっての価値）は大きくなります。また、「顧客がその商品・サービスに対して負担するコスト」が大きければ大きいほど顧客価値は小さくなります。これらを大きく括ると、顧客価値の増減要因は次のように表現できます。

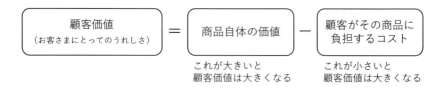

　もう少し掘り下げて説明すると、商品・サービス自体の価値には実用的なものと情緒的なもの（人の感情や心理に関わるもの）があります。実用性の高いものは顧客価値が大きく、役に立たないものは顧客価値が小さく買ってもらえないと考えるのが普通です。ここでよくあることですが、商品が高機能・多機能なものは誰もが喜んでくれそうに思いますが、実際にそれを手にした顧客によってはそれほどうれしいと思わないこともあります。逆に低機能であったり不便なものであっても、顧客によってはそれが面白いとか自慢できてうれしいなど情緒的な価値が大きいと感じて歓迎される場合もあります。「商品・

サービス自体の価値」を考える際は、このように実用的な価値以外に情緒的・感情的な価値も考慮に入れることが大切です。

顧客がその商品・サービスに対して負担するコストとしてはまず購入費用（金銭）があげられますが、コストの考え方は意外と広く金銭以外にもいろいろあります。購入するために費やす手間ひまもコストですし、気持ちよく入手できるかどうかもコストと捉えることができます。商品やサービスを手に入れる時に多少高くてもすぐに入手できれば安いと考えることもあるでしょうし、気持ちよくサービスを受けられるのなら多少割高でも、あるいは遠くにあるお店でも構わない（精神的なコストが小さくなる）と思った経験もあるのではないでしょうか。顧客が負担するコストを下げれば顧客価値が大きくなることから金銭的なコストばかりに目が行きがちですが、それ以外の負担コストを小さくしたり商品自体の価値を上げることで顧客価値を大きくすることを考えたいものです。

1章の最後で紹介した「あるといいな」と「ぜひ欲しい」の間にある壁（図7）を乗り越えるためにもこの顧客価値についてよく考える必要があります。

顧客価値を考える事例
スターバックスはコーヒーを売っているのではなかったの？

前述の喫茶店市場の切り分け例（図9）でスターバックスは、オシャレな雰囲気でおいしいコーヒーをゆっくり飲めることに価値を感じる人たちをターゲットにサービスを提供していると説明しました。ご存知の方も多いと思いますが、スターバックスは日常を離れてリラックスできる空間である「サードプレイス」「第3の場所」をコンセプトとして各種サービスを提供しています。「第1の場所」

と「第2の場所」はそれぞれ「家庭」と「職場」で、「第3の場所」がスターバックスということです。スターバックスはこういうコンセプトがしっかりしているからこそ事業がぶれずに長続きしているといえます（参考資料3）。

　創業者はハワード・シュルツ氏で1987年に創業しました。シュルツ氏は「ストレスのかかる日常のなかでのひとときのリラックス空間」すなわち「第3の場所」が求められているのではないかという洞察からこのコンセプトを思いついたそうです。ここで「洞察」という言葉が出てくるのがいいと思いませんか。世界中のコーヒーショップの情報を集めて分析し、そこからコンセプトを考え出したのではなく、「こういうのをみんな欲しがっているのではないだろうか」と気づいたところが素晴らしいと思います。実際にはシュルツ氏がイタリアのカフェ店内の様子を見た時にピカッと閃いたそうです。日頃から考え続けているところに何かをきっかけにピンとくる考えが浮かんだようで、シュルツ氏といえどもゼロから突然簡単にアイデアが出てきたわけではない点も参考になります。

　ところでシュルツ氏は「スターバックスは、コーヒーを売っているのではない」と言っています。どうみてもコーヒーを売っているように思うのですが‥。「ゆったりとした雰囲気の中でリラックスという経験や文化を売っている」という難しい表現もしています。もし私がコーヒーショップを創業するとしたら、そのコーヒーショップではどんなメニューにするか、どんなインテリアにして入口のデザインはどのようにするかなどのアイデアを順次詰めていき、最終的にはこうすれば訪れたお客さまは絶対に喜んでくれるはずだと思うコーヒーショップを準備すると思います。これは「誰に」「何を」「どのように」のうち「どのように」すなわち、どんなコーヒーショップをつくるかという手段を最初に考えていますので1章で述べたように顧客価値を後回しにしたまずいアプローチです。

これに対しシュルツ氏は「実現方法はコーヒーショップでなくてもよかった」という凄いことを言っています。「リラックス空間を売りたい」「リラックス空間に価値を求めているお客さまにサービスを提供したい」「それを実現するためなら別にコーヒーショップでなくても良かった」というロジックです。私の場合はコーヒーショップしか頭にありませんが、シュルツ氏の場合はリラックス空間を売るためならフィットネスクラブとか本屋とかマッサージ店とか何か別の実現方法で事業を立ち上げていたかも知れません。

ところで、コンセプトって何？

　先ほどの「スターバックスは、日常を離れてリラックスできる空間である「第3の場所」をコンセプトとして各種サービスを提供しています」と説明しましたが、その中に出てくる「コンセプト」について補足します。ご存知のように「コンセプト（concept）」の直訳は「概念」です。しかしながら「スターバックスは、「第3の場所」を概念として各種サービスを提供しています」と言っても意味が通じません。「コンセプト」の意味には「概念」以外にも「基本構想」「根本的な考え」「全体に貫かれた観点」など様々な訳がありますが、本書では「コンセプト」を「「誰に」「何を」を明確にしたもの」と考えています。事業の3要素の最初の2つである「「誰に」「何を」を明確にしたもの」とは「△△なことに価値を感じる人たちがいるので、そのような人に提供する価値を明確にしたもの」と考えてください。この「コンセプト」の解釈を冒頭の文章にあてはめると「スターバックスは、日常を離れてリラックスできる空間に価値を感じる人たちがいるので、それを「第3の場所」と明確に定め、そのような人に各種サービスを提供しています」となります。

コンセプトの事例

　スターバックス以外にも素晴らしいコンセプトを持った商品やサービスは多くあります。例えば次のようなものです(参考資料4, 5)。

　ザ・リッツ・カールトン ホテル：もうひとつのわが家

　ＢＭＷ：駆け抜ける歓び

　少々古いですが、日本国有鉄道：ディスカバージャパン

　　　　　　　　SONY ハンディカム：パスポートサイズ

　グリコ GABA（ギャバ）：

　　ストレス社会で闘うあなたに「男が食べるチョコ」

　旭山動物園：いのちの輝きを伝える動物園

　　（来園者の少ない動物園だったのですが、動物園長さんが予算の少ない中でも動物の特性を活かした自然体の姿を見せる工夫をして大変人気の動物園となりました）

　黒川温泉：黒川温泉一旅館

　　（宿も風景も含めた黒川温泉郷全部がひとつの旅館というコンセプト。人気が低迷していた温泉街を青年部の人たちが中心となり温泉街全部を黒色で統一したり、どの旅館の温泉も入れる共通パスを作るなど黒川温泉全部でおもてなしをしようというコンセプトに変え、今では人気の温泉街となっています）

　みなさんも自分で考えようとしている新しい事業や商品・サービスのコンセプトをかっこよく明言してみてください。コンセプトづくりは簡単ではないと思いますが、わかりやすくて的を射たコンセプトができれば、新しい事業や商品・サービスの提供価値が顧客に明確に伝わり、それに共感する顧客が集まってくることになります。また、その事業や商品・サービスを実現しようとする人たちや組織がぶれずに一丸となって取り組み続けるためにも明快なコンセプトは重要です。

マズローの欲求階層説って商品の開発とどう関係するの？

　マズローの欲求階層説をご存知でしょうか？　これはアメリカの心理学者アブラハム・マズローが提唱したもので、人間の持つ内面的欲求は5段階の階層に分かれており、低次の欲求が満たされると順々により高次の欲求を求めるようになるという仮説です。このマズローの話は、人間の本質的な欲求というものを簡単に説明するには大変わかりやすく納得性の高いものだと思います。

図 I0　マズローの欲求階層説

（参考資料6を基に作成）

　人はまず「生理的欲求」、つまり食べたいとか寝たいとかの欲求を満たしたくなります。それが満たされると次に身の安全を守りたくなります。ジャングルなどを想定すると猛獣から逃れて身の安全を確保できる場所や方法を考えることになります。

「生理的欲求」と「安全の欲求」が満たされると、人は「ひとりぼっちはいやだ」「社会とつながりたい」など、毎日食べるだけではなく友達が欲しくなったり社会に帰属したくなります。「所属と愛の欲求」です。そして社会とのつながりが持てると、自分の存在を無視されたくない、社会から認められたいと思うようになります。つまり周囲から「〜さんって凄いね」「それって素晴らしいね」「わかるよ。そうだね」と言われたくなります。これが第4階層の「承認（尊敬）の欲求」です。

　私が会社勤めをしていた頃の周囲のほとんどはこの第4階層にいる人たちでした。毎日食事をとり、寝泊まりする家があり、会社勤めを通じて社会とつながり、毎日周囲の人から何らかの評価をもらっています。ただし毎日周囲から「凄いね」「いいね」と言ってもらえると第4階層で満足できるのですが、実際にはダメ出しなどへこむ評価が多いのが実状でした。本書を手に取っているみなさんもいわゆる「承認（尊敬）の欲求」が十分満たされずに第4階層内に留まっている方が多いのではないでしょうか。
　マズローの学説では、第4階層の次は第5階層すなわち自己実現の世界となっています（学説によっては、第5ステージは別物として切り離して考えることもあるようです）。「自己実現」とは私を含めて多くの人が経験していない境地なのではないかと思いますが、山頂を極めたい、絵や俳句を書き残したいなど、人にどう思われようが他人による評価を目的としない自己への挑戦のイメージがあります。

　人間の欲求は各層のレベルが満たされるとさらに上にある次の欲求を満たそうとするので、それを実現できるなら手に入れたい、買いたいと思う人がいるということになります。

先進国と新興国とでは、食料事情、住宅状況、社会の成熟度、個人の所得レベルが異なるため手に入れたいものを一律に論じることはできませんが、「ワンランク上（ひとつ上の階層）の生活」や「自分がめざしているライフスタイル」を実現させてくれる商品やサービスであれば、少々高い価格でも買ってもらえる可能性が高くなります。安くしなければ売れないというだけの発想からは脱却したいものです。

　マズローの欲求階層説などで人間の本質的な欲求を知り、そもそも人はなぜこれを欲しているのか、次に欲しくなるものは何だろうかなどを考えることは、新しい事業や商品づくりに役立つと思います。

お客さまがいて顧客価値が明確でも売れないことがあるの？

　商品開発の分野で、わかっていても陥りやすいワナとして定番の「商品利用者と購入意思決定者」の話を紹介します。

　モノやサービスの売り買いは、文字通りに考えると「売る人」と「買う人」の２者が関係します。サービスの場合ですと「サービスを提供する人」と「サービスを受ける人」の関係です。いずれであってもここで登場するのは２人です。（説明上わかりやすくするために「者」や「人」と表現しますが、ケースバイケースで「会社」や「業者」に置き換えて考えてください）

　ところが次ページの図11では、商品を売る側（商品・サービスを売る人、勧める人）が１人であるのに対し、買う側は「商品を使う人」と「商品の購入を決定する人」に分かれ図全体の登場者は３人になっています。つまり「商品利用者」と「購入意志決定者」は別々の人の場合があるということです。

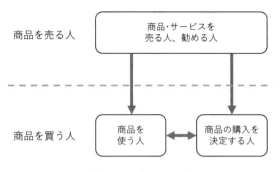

商品を売る人

商品・サービスを
売る人、勧める人

商品を買う人

商品を
使う人

商品の購入を
決定する人

図11　商品利用者と購入意思決定者

　この話の重要なポイントは、商品を実際に使う人がいくら欲しいと言っても、商品を買うことを決める人（購入意志決定者）が買いたいと思わない限りその商品は売れないということです。そのため商品を売る際は（商品を企画する際は）、商品利用者が何を欲しているのかを考えるだけでなく、購入意志決定者が買いたくなるようなことも忘れずに考える必要があるということです。

　具体例として子ども向けゲームソフトの場合、商品利用者である子どもから「もっと刺激的な戦闘シーンのゲームをやりたい」という要望があった場合、ゲームソフトメーカーは商品利用者（子ども）が喜ぶ望み通りのゲームソフトを開発して売り出すかもしれません。しかしながら実際に購入を決定する親が「勉強になるゲームソフトならいいのだが、刺激的な戦闘シーンのゲームだったらウチの子どもには買い与えたくない」と考え購入しないかもしれません。

　このように商品利用者と購入意思決定者はそれぞれ別のことを考えている場合がありますので、「誰に」「何を」を明確にすることができても、顧客のうれしさを考える際は、商品利用者のうれしさだけでなく購入意志決定者が買いたくなるうれしさも忘れずに考える必要があります。見落としがちな視点ですので気をつけましょう。

参考資料

顧客を切り分ける軸

１）フィリップ・コトラー『マーケティング原理 第 9 版 ―基礎理論から実践戦略まで―』ダイヤモンド社，2003

顧客自身が気づかないうれしさ

２）P&G ホームページ『ロングセラー誕生物語 クレスト /Crest』
https://jp.pg.com/global175yrs/brand/crest.jsp

スターバックス関連

３）楠木建『ストーリーとしての競争戦略』東洋経済新報社，2010

コンセプト事例

４）野中郁次郎，勝見明『イノベーションの本質』日経ＢＰ社，2004
５）高橋宣行『コンセプトメイキング 変化時代の発想法』
ディスカバー・トゥエンティワン，2007

マズローの欲求階層説

６）Abraham H. Maslow，小口忠彦（翻訳）『改訂新版 人間性の心理学』，産業能率大学出版部，1987

3章

自社の強みと弱みを客観的に考える

自社の強みと弱みを最初に考えなくてもいいの？

　技術に強い企業の方から「自社の技術を活かして次の事業や商品を生み出したいのだが…」との話を聞くことがよくあります。同時に「それなりに結構考えてはいるが、なかなかいい案が出てこない。何かいい方法はないだろうか」という悩みも聞きます。これは今の日本企業(少なくとも日本の製造業)に共通する悩みではないでしょうか。ある事業において今ある商品の改良版（あるいは機能を追加した次期型版）を開発しても、それが実現するとまたその次を考え出さなければならないエンドレスの状況になるという背景があります。今までとは異なる事業領域でも構わないので、自社技術を活かせる範囲で顧客に受け入れられる新しい事業や商品を考えたいがなかなか見つからないという悩みです。

　もともと「顧客視点で斬新なアイデアを考える」ということと「自社視点で実現性・成立性のあるアイデアを考える」という２つのことを同時に考えることができれば一番いいのですが、多くの人は物事を考える時はひとつずつですので、どちらかを先に考え、その後にもう一方を考えるというのが普通です。この２つの考える順序をどうするかは大切なポイントで、考える順序によってアイデアの斬新さに大きな影響が出ると考えています。

　本書では前章までに、新しい事業や商品・サービスを考える際は「技術の実現性・成立性は後回しでいいので、まず自由奔放に考えよう」と顧客視点を優先し、「誰に」「何を」を先に考えました。これは技術の実現性や成立性すなわち「どのように」を先に考えるとどうしても自分や自社の得意な技術から「できそうな範囲」だけを考えた小ぶりなアイデアになりがちとの考えに基づいています。

　「実現方法を考えるのはあとで誰かの頑張りで、あるいは今後の技

術革新でなんとかなる」くらいの楽観的なスタンスを敢えてとることが大切です。

「一見飛び地、実は地続き」という表現があります。前述の「自社の技術を活かして次の事業や商品を生み出したいのだが…」と日々悩み考えておられる方々は、この「一見飛び地、実は地続き」の事業や商品を探しているといえます。新しく考えた事業や商品・サービスは、既存の事業領域と異なるものであったとしても自社の強み（技術やリソース）は活かしたいと考えるのは当然のことです。

この章以降では、前章まで自由奔放に考えたアイデアが実現可能かどうか、自社の強みと「地続き」であるかを考えます。少し考えただけでは今ある自社の強みと直接つながっていないように思うことがあるかもしれませんが、あきらめずに考えを進めていくと「飛び地」と思った領域が実は思わぬところで自社の強みと「地続き」であることに気づくかもしれません。「顧客視点で考えた斬新なアイデア」と「自社視点で考えた実現性・成立性」の接点を見つけるところがポイントですので、ぜひ柔軟な頭で考えて欲しいと思います。それでも前章までの「誰に」「何を」を優先して考えたアイデアが自社では全く実現できそうにないこともあるかもしれません。その際は、新しい事業や商品を考え出す思考経験ができたと前向きにとらえて新たに考え直すぐらいの割きりが必要です。

今までに考えてきたアイデアの実現をめざしてこの章以降でさらに考えてみましょう。

外部と内部の環境を簡便に分析できるツールってないの？

　新しい事業や商品を開発する場合あるいは既存の事業や商品をさらに展開する場合の常套手段として、まず環境分析から始めることが多いと思います。しかしながら本書ではあえて環境分析から始めず、「誰に」「何を」を優先することにより自分の考えを自由奔放に考え（１章と２章）、その後に本章（３章）で環境分析するという手順にしています。

　本書では自分で考えたアイデアの実現性検討のために内部環境分析と外部環境分析が簡便にできれば事足りるので、次に説明するSWOT分析の書式を使用します。SWOTは本来、企業の内部環境および外部環境を分析して目標達成のための戦略を考えるために使われるものですが、ここでは自分で考えたアイデアの実現性を検討するために使用します。

SWOT分析はどうやってやるの？

　SWOTの典型的な書式を図12に示し、SWOTの4文字の意味を説明します。
　S：自社内部の強み（Strengths）
　W：自社内部の弱み（Weaknesses）
　O：自社を取り巻く機会（Opportunities）
　T：自社を取り巻く脅威（Threats）
　SとWは強みと弱みですので、内部環境分析に相当します。OとTは追い風要因と逆風要因ですので、外部環分析に相当します。

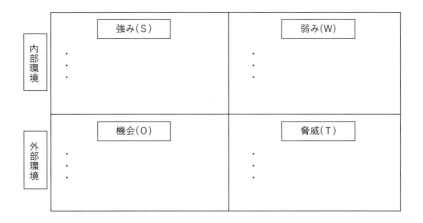

図 12　SWOT 書式

　記入要領ですが、内部要因としてのS（Strengths）とW（Weaknesses）は、自分で考えたアイデアに対して自分あるいは自社の強み弱みを考えてください。外部要因としてのO（Opportunities）とT（Threats）は、自分のアイデアに対する自分や自社を取り巻く追い風要因および逆風要因を考えてください。

　例えば、最近は健康ブームであることが自分のアイデアに対して追い風要因（チャンス）であるかもしれません。規制が厳しいとか円高であることが自分のアイデアに対して逆風要因（困りごと）であるかもしれません。ここでの注意点ですが、ある人にとって円高はピンチであっても別の人にとってはチャンスかもしれません。このように、ある事に対してそれが追い風要因か逆風要因かは考えているアイデアにより異なります。普遍的な正解はありませんので、あくまでも自分のアイデアに対して考えてください。なお、SWOTはフレームワークのひとつですので、もともとは単なる記入用の書

式です。自分なりに考えたことを記入し、同じ書式を使ってみんなで議論するところにフレームワークを使用する意味があります。

　あくまでもみなさんが前章までに考えてきたアイデアに対して、S（Strengths）、W（Weaknesses）、O（Opportunities）、T（Threats）としてどのようなものがあるか各欄に２～３項目でいいので箇条書きにしてください。

SWOT分析は何のためにやるの？

　本章では外部環境と内部環境を簡便に分析するツールとしてSWOTを紹介しました。外部環境と内部環境を考えることができるならSWOTの書式にこだわる必要はありません。どのような書式であっても環境分析は戦略や作戦を立案する前段階として行なわれることが多いのですが、本書ではSWOTを「顧客視点で考えた斬新なアイデア」と「自社視点で考えた実現性・成立性」の接点を考えるために使用しています。

　誤解があるといけませんので念押ししますと、SWOT分析は「新しい事業や商品を考え出す」ものではありません。「新しい事業や商品を考え出そう」としているのは、お客さまの視点で「誰に」「何を」を考えた１章と２章の所です。

　そして５章で説明しますが、「顧客視点で考えた斬新なアイデア」を大切にしながらも本章で考えた組織全体のSWOT分析結果を仕事の流れ別（部署別）にブレークダウンして「どのように」を考えていきます。

　本書の終わりにはみなさん自身のアイデアがビジネスモデルとしてまとめあがることを期待して次章以降も頑張って考えていきましょう。

4章

ちょっと一休み、外へ出て
見聞きしてみよう

さて、ここまで自分で考えたアイデアをビジネスモデルにまでまとめるための説明をしてきましたが、この章では少し立ち止まって全体に関わる仮説関連の話題を紹介したいと思います。具体的に言うと「仮説および仮説思考とは？」「仮説思考のメリットと具体例は？」などです。

　マーケティング分野の人にとって「仮説思考」はごく普通の考え方で特別なものと思わないかもしれませんが、研究者や技術者の中には工学的な思考パターンが叩き込まれているためかマーケティング分野の仮説思考に馴染みのない方も多いようです。そのため本章では工学的な考え方とは異なる仮説思考を取り上げて説明します。新しい事業や商品・サービスを考える上で重要ですので仮説思考も理解し実践できるようにしておきましょう。

仮説、仮説思考にはどんなメリットがあるの？

　仮説思考を説明する前にまず工学的なアプローチについて説明します。技術系の方をはじめ多くの方は工学的な思考には慣れていると思います。一般的に工学的なアプローチでは、まず現状を分析して問題点を明らかにした上でそれを解決する方法を考えます。上司や周囲の人からのいかなる指摘にも対処できるよう、また自分なりにも納得いく答えを出すためにも、できるだけ多くの情報を集めて分析し、見極めた問題点にミートした解決法や答えを一発で出そうというものです（図13 B）。

　これに対し仮説思考に基づいたアプローチでは、まず仮説「まだ証明はしていないが、最も答えに近いと思われる答え（参考資料1）」を考え、それに基づいて情報を収集しこれで良いかを試すことから始めます。試した結果、不備な点や新たに気づいた点があれば当初

の仮説を修正して新たな仮説を考え、再度試すことを繰り返すことでより良い解決法や答えにスピーディに辿り着こうとするものです（図13 A）。なお図13の横軸は時間、縦軸はアイデアの完成度、商品の完成度、あるいはコンセプトの完成度など、考えていることの完成度と考えてください。

　図13で言うと左下の所が最初の仮説です。みなさんにはその分野で何らかの知識や経験があるので、みなさん自身の直観・ひらめき・洞察を信じて、こうじゃないかと考えたものが仮説です。たとえ100%当たっていなくても、この仮説に基づいて試してみて何か違うぞとなれば軌道修正して次の仮説をつくり再度試していく流儀ですので、とにかく気楽に自分の頭で考えましょう。

　工学的アプローチでは、あらゆる情報を網羅的に調べてから答えを出していこうとするものですので新しい事業や商品を考える分野においてはスピーディとは言えません。これに対し仮説思考に基づくアプローチでは、ある程度の情報を得た時点で自分なりの考えを持って動き始め、検証と修正を繰り返していくことでより速くベストな解に辿り着こうとするものです。ベストな解といっても最適解ではないかもしれませんが、その周辺でいちばんいい答えに到達できればそれでいいではないかという考え方です。

仮説思考に基づいたアプローチの具体例は？

　架空の話ですが、仮説思考に基づいたアプローチ（仮説検証サイクル）の事例を紹介します。図13に当てはめ考えてみてください。
　ある都市中心部の地下街に健康志向の食堂をオープンすることにして、まずどういう人たちをターゲットにするかを考える所から始めます。

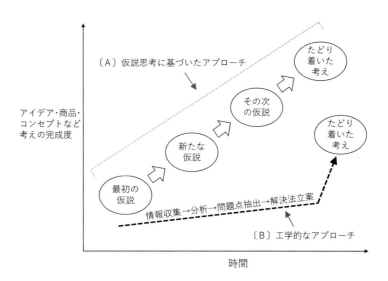

図 13　仮説思考に基づいたアプローチ（仮説検証サイクル）

　健康志向の人たちに来て欲しいので、ターゲットは健康を気にする 20-30 代の会社勤めの女性という仮説を立てました。そしてそのコンセプトの食堂を作りオープンしたところ、20-30 代の会社勤めの女性だけでなく 30-40 才代の男性ビジネスマンも昼休みに結構食べに来ていることがわかりました。そういう人たちも健康を気にしていることを知り、彼らにも喜んでもらえる昼食メニューや店構えのコンセプトに軌道修正しました。その後さらに店内をよく見ていると、意外なことにビジネス中心の地下街にもかかわらず近所のシニアの方が昼過ぎに集まっておしゃべりを楽しみながら食事をしているのに気づきました。食堂を最初の仮説に基づいてオープンしたものの、その後の検証、新たな仮説づくり、観察を繰り返した結果、ターゲットとする顧客は男女別や年齢別あるいは会社勤めかどうかで切り分ける必要はないと考え、「脂っこくない食事処」というコ

ンセプトに比較的短期間で辿り着きました。

　このように、考えた仮説とそれに基づいた実行、そしてその観察結果から軌道修正を繰り返して考えを完成させていく、これが仮説思考に基づいたアプローチ（仮説検証サイクル）です。

　これを工学的アプローチでお店のコンセプトをつくろうとすると次のようになります。まずこの地下街を通る人たちの調査・分析から始めます。例えば、どういう男女比で、どういう年齢構成で、時間帯別に何人くらいがこの地下街を歩いているのかを調べます。近くにはどんな食堂があるのかも調べます。さらに上司が調べてこいと言えばこの地域には食堂以外にどんな施設(病院や小学校)があって、どんな人が住んでいるのか（単身、家族、家族構成、持ち家、集合住宅）なども調べます。このようにしてできるだけ多くのデータを集めて分析し、その中から問題点を抽出して解決案を考えるというアプローチで最適なお店のコンセプトと実施計画を立案していくことになります。

　両者のアプローチを比較すると、やはり仮説思考に基づいたアプローチの方が速くてより良いアイデアに辿り着くことが理解できると思います。

　以上が仮説思考に基づくアプローチ（仮説検証サイクル）の考え方と事例です。このアプローチが万能でいつもこれを使いましょうと言っているのではありません。工学的アプローチで落ちなくきっちり考えないといけない場合もあると思います。しかし工学的アプローチを重視した分野に慣れ親しんでいる方にはそのアプローチが新しい事業や商品を考える際の足かせとなっていることがあります。工学的アプローチも重要ですが仮説思考に基づくアプローチも理解して両刀使いができるように、そして新しい事業や商品づくりをする場合は、ぜひこの仮説思考に基づくアプローチでスピーディなコンセプトづくりをめざして欲しいと思います。

考えてから歩くのか、それとも歩きながら考えるのか？

　みなさんは旅行に出かける時、事前にホテル、レストランや観光スポットなど詳細な計画を立ててから出発するタイプでしょうか？　それとも、旅行の出発前には計画をあまり立てずにいきあたりばったりで現地へ行きそこでなんとかするタイプでしょうか？

　どちらのタイプにもメリットとデメリットがありますので、一概にどちらがいいとは言えません。前者を好む人は「後者のような旅行では、限られた時間内に現地を十分満喫できない可能性がある」と言うでしょうし、後者を好む人は「前者のような旅行では、自由度が低く想定外のサプライズは期待できず面白くない」と言うことが予想されます。どちらも好みの問題ですので良い悪いはありませんが、両者は「考えてから歩く」のと「歩きながら考える」のとどちらがいいかを議論しているのと同じです。

　これらのことは「工学的なアプローチでいくのか」それとも「仮説思考に基づくアプローチでいくのか」というのと大変良く似ています。「できるだけ情報を集めてから答えを出そうとするのか」それとも「限られた情報の中で試しながら答えを出していくのか」と似ているということです。これらの思考方法に良い悪いはありませんが、新しい事業や商品・サービスを考える場合は、後者の仮説思考でいく方が工学的な思考でいくよりもより速くより良い結論に到達できる可能性が高いので、歩きながら考えることをおすすめします。

仮説の検証、フィールドワークって何のこと？

　繰り返しになりますが、仮説思考に基づくアプローチとは、ある程度の情報を得た時点で自分なりの考えを持って動き始め、検証と修正を繰り返していくことによりベストな解に素早く辿り着こうとするものです。ここで「検証」とは、図13（仮説検証サイクルの図）にある仮説と仮説の間の太い矢印に相当します。

　仮説を検証する（仮説の妥当性を確認する）ためのひとつの方法にフィールドワークというのがあります。自分が考えているアイデアに関係する場所に出かけて観察したり、関係する人と話すことにより新しい気づきを得ようとするものです。自分だけで考えるのではなく、自分以外の人（できればそのアイデアの関係者）の意見や指摘も参考にして、不備な点や新たに気づいた点があれば当初の仮説を修正して新たな仮説を考えようとするものです。

　そのフィールドワーク（検証）の最初の一歩は、家族・同僚・友人など身近にいる人に自分の考えを聞いてもらい反応を見たり意見をもらう所から始めるのが定石です（大抵は「なにそれ？」という否定的な反応が多く、「いいね！」とはなかなか言ってもらえませんが、ここでへこまないことが大切です）。そしてその次は、例えばアイデアがもし健康関連であれば病院や関係するお店に出向き、そのアイデアについて意見を伺うのが常套手段です。アンケートで仮説の検証をするという場合もありますが、設問の工夫をしないとありきたりの返答や集計結果に終わりあまり参考にならない（むしろ次の仮説づくりの妨げになる）ことがありますので注意が必要です。

　以上を踏まえて次項では、フィールドワークのひとつに位置づけられる「行動観察」を取り上げて説明します。

行動観察は、潜在ニーズ発掘とどのように関係するの？

　簡単に誰でも潜在ニーズを発掘できるツールがあればいいのですが、そんな便利なツールは今のところ見当たりません。そんな中で「行動観察」は潜在ニーズを発掘するひとつの分野としてよく取り上げられます。ここでは行動観察の分野で有名なエスノグラフィについて用語説明程度ですが紹介します。

　エスノグラフィという言葉の直訳は「民族誌」です。もともと文化人類学や社会学の用語で、集団や社会の行動様式をフィールドワークにより調査し記述する手法（あるいはその調査書）のことです。インタビューや観察から定性的に調べるのが特徴です。

　エスノグラフィが「集団や社会の行動様式をフィールドワークにより調査し記述する手法」であることから、マーケティングや商品開発の分野においてこのエスノグラフィは、顧客やターゲットを知るための調査技法という用語で使われます。具体的にはユーザーの行動を詳細に観察し、行動を記録した後にそこから潜在ニーズを見つけ出そうというものです。

　例えば、スーパーマーケットでお客さまの買い物の様子を詳細に観察したとすると、次のようになります。

　買い物客が駐車場に到着
- →　車を降りショッピングカートと買い物かごを取る
- →　店内をカートを押しながら買い物をする
- →　買い物が終わると商品を入れた買い物かごをレジ台に置く
- →　レジ係の人はかごから商品をひとつずつバーコード処理し別のかごに入れ直す
- →　買い物客は会計後、会計済みのかごをカートに載せて近くの机に移動する

→　買い物客は会計済みのかごから商品を持参バッグに入れ直す
　　→　会計済みのかごを返却し持参バッグをカートに載せて自分の車まで移動する
　　→　持参バッグを車に積み込んだ後、カートをお店の方へ返却し車に戻る

　観察結果は定量的に分析されるのではなく定性的に解釈されるものなので、同じ観察結果でも新しい商品を開発しようとする人のセンスで着目するところが異なるものになります。例えば、商品の場所がわからずに店内を歩き回っている人がいることに気づくかもしれません。商品の前で長い間考えこんでいたりネット検索している人に着目するかもしれません。子供を抱っこしながら大変そうにカートを移動させている人や、いくつかのカートが駐車場に放置されているのを何とかしたいと思うかもしれません。私は、商品を何度も別のかごやバッグに入れ直しているのが気になります。
　このように自分なりに観察して気づいたことがあれば、そこから「もしここに○○のようなものがあったなら、もっと△△なのではないか」などと閃くかもしれません。長年、買い物客本人もお店の人も気づかず提案されることもない潜在ニーズを、行動観察からみなさんのセンスで見つけ出すことで新しいアイデアにつながる可能性があります。
　本書では、行動観察およびエスノグラフィの説明はこの程度に留めますが、興味のある方や必要な方はこの分野のスキルをさらに学んで（あるいはこの分野の専門家の指導を受けて）新しい市場開発、潜在ニーズの発掘に挑戦してください。

参考資料

仮説、仮説思考

I）内田和成『仮説思考　BCG流 問題発見・解決の発想法』
東洋経済新報社，2006

5章

仕事の流れから考える

仕事の流れはどうやって表現すればいいの？

　30 年以上前に発刊された書籍「競争優位の戦略」（参考資料 I）
に図 14 のようなフレームワーク「価値連鎖（バリューチェーン）
の基本形」が紹介されています。これは有名なフレームワークで、
この図全体でひとつの企業を表しており分割された各部分が企業内
の各部署を表しています。上半分は、技術管理部、人事部、研究開
発部、資材調達部など企業内の支援部署に相当します。下半分は左
から右に向かって、部品や素材の購入、設計、製造、販売、サービ
スの各部署の仕事の流れを表しています。マージンは企業の利益に
相当します。

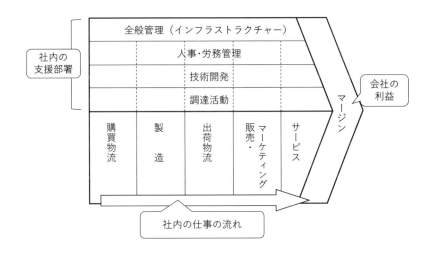

図 14　価値連鎖（バリューチェーン）の基本形

（参考資料 I を基に筆者作成）

企業は各部署が連携して何かを生み出し、社会に役立とうとするとともに利益を得ようと活動していますので、各部署は前工程から何かを受け取りそれに何らかの付加価値を付けて後工程に提供していることになります。バリューチェーンは、このような考え方で各部署の仕事の流れを書き表わすことのできるフレームワークです。

　このフレームワークは本来、企業の競争優位について戦略的に考えるためのものですが、本書ではこれを使って前章までに考えたアイデアを仕事の流れからみてどの部分に強み弱みがあるのか、事業として成立させるにはどうすればよいのかを考えます。3章のＳＷＯＴ分析では、自分が所属する会社や組織全体の強み弱みを考えましたが、本章ではそれを仕事の流れに沿って分解して考えることでビジネスモデルの検討につなげていこうとしています。

仕事の流れと事業とはどういう関係なの？

　ここではまず、バリューチェーンと事業との関係で押さえておきたい2つの考え方を説明します。

1．バリューチェーンを一通り揃えないと事業として機能しない

　研究開発をしているだけでは事業とは言えませんし、購買だけでも製造だけでも事業にはなりません。仕事の流れとして上流から下流まで全て揃うことで初めて事業として機能します。

　設計だけに特化している会社とか、生産だけに特化している会社など、バリューチェーンの一部のみを切り出して事業にしている会社もありますが、この場合でも会社内に一通りの仕事の流れを揃えていると解釈すれば、やはり事業を機能させるにはバリューチェーンを一通り揃えることが必要と言えます。

２．自分がバリューチェーンの上流から下流までの全てを行わなくてもよい

　自分（自社または自分が所属する組織）はバリューチェーンの中で他社よりも強いところや得意なところに注力し、それ以外のところは人に（他社に）任せてはどうかということです。事業として成立するように、自社の強みや持ち味を発揮できる部分と他社の力を借りられるところをうまく連携させてバリューチェーンを一通り揃えることを考えればよいということです。

　以上のまとめとなりますが、「事業はバリューチェーンを一通り揃えないと機能しない」ということと「自分（自社または自分が所属する組織）はバリューチェーンの全部を行う必要はない」ということを念頭に、みなさんのアイデアを仕事の流れの上流から下流まで整理してみてください。通常はバリューチェーンを考える上で、自社の強みを活かせるところは自社が取り組み、他社に任せるところは適任者を探して、そことの連携を考えることになります。

必ずしも強みで儲けることを考えなくてもいいってどういうこと？

　基本的な考え方として、バリューチェーンすべてが揃わないと事業は機能しないと説明しました。また、自社が保有していない強みを持つ他社と連携して事業全体の実現を考えるとよいので、必ずしも自社単独でバリューチェーンすべてを揃えなくてもよいということも説明しました。

　そうすると、自分が考えている事業はバリューチェーンの中でどこの部分が強いのかを明確にする必要が出てきます。そこが競合他社に対する差別化のポイントとなるところです。通常このような「自

社はどこが強いのか（差別化のポイントはここだ）」とか「自社は
どこを強くすればいいのか（優位性がなくて困っている）」などは
多くの会社や組織でよく議論されていることではないでしょうか。

　ここまではいいのですが、自社は他社に対して「ここが強いのだ
から売れるはず」とか「差別化できるのだから売れるはず、儲かる
はず」や「優位性がないから売れない、儲からない」という話にな
りがちです。ここで改めて事業全体（バリューチェーン全体）で考
えた場合、必ずしも自社が強みを出すところ（他社に対して差別化
できるところ）で儲ける必要はなく、たとえ強みではないところ（優
位性のないところ）でも儲ける方法があればそれで儲けても一向に
差し支えないはずです。すなわち、他社に対して強みを出す部分（差
別化する部分）と儲ける部分は同じである必要はないという考え方
が重要です。自分で考えているバリューチェーンを見渡して、どこ
で儲けるのかを前記の視点から考えることは大事なポイントです。

「あなたは何屋さんですか？」って何を尋ねているの？

　自社にとって強みのあるところと儲けるところは必ずしも同じで
ある必要はないと説明しました。差別化するところばかり考えるの
ではなく、儲けにつながるところもあわせて知恵を絞りたいところ
です。自社の強みを活かした商品を作っても店頭に並べておくだけ
では売れていかないのが普通ですので、儲けるためにはそこにビジ
ネス上の工夫が必要になってきます。

　私事の話となりますが、ずいぶん前（子どもの頃の 1960 年代）、
紙芝居のおじさんが自転車に乗って時々近所の空き地に来ていまし
た。紙芝居のビジネスをご存知ない若い方も多いのではないかと思
いますので少し説明します。

紙芝居をする自転車の周りに集まった 10 ～ 20 人くらいの子ども
に対しておじさんは紙芝居を講談師のように演じるのですが、それ
だけでなく紙芝居講演の前後に色々なお菓子（例えば水飴）を注文
に応じて販売していました（自転車後部に引出し付きの木箱が備え
つけてあり、新幹線のワゴンサービスのような感じです）。私のよ
うにもっぱらタダで観るだけの子どもも多かったのですが数人はお
菓子を買っていました。紙芝居の講演が終わってしばらくすると、
おじさんは次の空き地へ移動していきます。紙芝居のおじさんは、
自分の強みである紙芝居の講演で子どもを集め、これを餌に集まっ
た子ども相手にお菓子を販売して儲けていたということです。

　もし紙芝居のおじさんに「あなたは何屋さんですか」と尋ねたら、
おじさんは誇りをもって講演していたでしょうから「私は紙芝居屋
です」と答えたかもしれませんが、ビジネス的には「私は紙芝居屋
ではなく、本当はお菓子屋さんなのです」と答えるのが正しいと思
います。

　もうひとつ、どこで儲けるのかを考える有名な事例として 1848
年から始まった米国カリフォルニアのゴールドラッシュでの儲け話
があります。当時、多くの人が一獲千金をめざして金（ゴールド）
を掘り当てようとしました。採掘初期には大儲けした人もいたよう
ですが、ほとんどの人は投資費用の回収もままならなかったようで
す。そんな状況の中、一攫千金をねらって金を掘り当てようと集まっ
た人たちに対してモノやサービスを提供して儲けた人たちもいたそ
うです。その１人がリーヴァイ・ストラウス氏（後のリーバイス創
業者）で、丈夫で動きやすい作業着であるジーンズで儲けました。

　つまり彼はゴールドラッシュを餌にしてジーンズの販売を収益源
にしたということになります。リーヴァイ氏はドイツ移民だそうで、
彼を含め儲け目当てに大勢の人が現地に集まっていたわけですが、

そういう人達に対して飲食店で儲ける人がいたり、さらに人や物資を運ぶ鉄道で大儲けした人もいました。どのようにして何で儲けるかを考える際の参考になります。

　本書で今までに考えてきた事業をバリューチェーンで仕事の流れ別に整理し、どこで差別化するのか、どこで儲けるのか、そして儲け方を考える際は、誘いとなる餌とお金を得る仕組みの視点から上手に考えたいものです。

　次項から、有名なビジネスモデルをいくつか紹介します。

コラム

無料ビジネス（タダビジネス）

「無料ですよ」とか「タダですよ」という言葉は大変インパクトのある言葉で、たとえそれが誘いの「餌（えさ）」だとわかっていても「タダ」という言葉に誘われて多くの人が関心を示すのではないでしょうか。タダでコピーできる、ゲームができる、無料でアプリが使える、クルマを借りることができるなど、私たちの周りにはたくさんの無料ビジネスが提供されています。もちろん我々が無料の商品やサービスを享受しても、商品やサービスの提供側はしっかり儲けています（あるいは、儲けようとしています）。本コラムでは少しだけですが無料ビジネスを紹介したいと思います。

　無料ゲーム：最初は確かに無料ですが、ゲームしているうちに有料アイテムや有料サービスが欲しくなりそれにお金を払う仕組みです。例えば、無料で釣りゲームをしているうちにゲーム内でもっといい釣り竿（有料）が欲しくなり購入で

きるようになっています（アイテム課金）。

　無料でコピーできる複写機：大学の生協などで見かけるコピー無料の複写機ですが、そのサービスを提供している会社はちゃんと儲けているとのこと。どうやって儲けているのか不思議に思いますが、その答えは「裏面に広告がある」というものです。聞けばそんな手があったかと思う人も多いのではないでしょうか。

　無料で借りることのできるクルマ：そんなサービスを提供している会社が本当にあるのでしょうか。日時と発着場所限定（何月何日にラスベガスでクルマを受け取り、３日後までにサンフランシスコへ移動などの条件）でクルマを無料で貸し出すサービスです。タダで車を貸し出しても儲からないような気がするのですが‥。その会社はレンタカー会社の乗り捨てサービスを補完して乗り捨てたクルマを元に戻すことをビジネスにしている会社で、広告に応募した人にタダで車を移動してもらう一方で自分たちはレンタカー会社からお金をもらっているということです。

　これらの他にも、世間では様々な無料ビジネスがあります。無料のレシピ、大学講義、パソコン通話、タクシー、傘提供サービスなどなど‥。

　それぞれの無料ビジネスで、商品・サービスを受け取る顧客にはどのようなうれしさがあり、商品・サービスの提供側は何で顧客を引きつけどのように儲けているのかを考えてみてください。そして自分が考えているビジネスでも何で儲けるのかをいろいろ工夫したいものです。

ビジネスモデルの具体例にはどのようなものがあるの？

　昔からあるビジネスモデルや最近のビジネスモデルなど、世の中にどのようなビジネスモデルがあるのか気になるところです。「ビジネスモデルを百科事典のように網羅的にまとめたものが欲しい」と要望されることがあるのですが、残念ながらそのようなものはありません。ビジネスモデルは多くの人により知恵を絞ってその時代の状況にあわせて編み出されてきたものですし、編み出されたといっても完成されたものではなく日々進化しています。既存のビジネスモデルから学ぶのであれば学ぶ方も日々応用するセンスを磨きながら学ぶ姿勢が必要です。

　最近は幸いなことに様々なビジネスモデルの事例が関連書籍に多数紹介されていますので、そこから多くの事例を知り自分なりに考えながら学び取ると良いと思います。

ジレットビジネスモデル

　ここからは数あるビジネスモデルの中でもよく知られているものや基本的なものを紹介します。ビジネスモデルとして有名でよく取り上げられるものにジレットビジネスモデルがあります。ジレットは髭剃り（ひげそり）で有名なのでご存知の方も多いと思います。ジレットは人の名前です。1855年生まれの方ですので100年以上前の話になりますが、それ以前からあった髭剃り（ひげそり）に対してジレット氏は革新的なことをしました。従来の髭剃りは柄（え）の部分と刃の部分が一体構造でしたが、それを分離して（正確に言うと刃を交換できる構造にして）これをアメリカの軍隊に無償配布したそうです。無償でもらえるなら得した気分で多くの人が使ったと思います。ただし使っているうちに刃は摩耗してそり味が悪くな

りますので、いずれ交換用の刃（有料）を買い求めることになります。この時点で、無償配布された髭剃りを捨てて新たに他の髭剃りを買う選択肢もありますが、多くの人は今使っているものに問題なければそのまま使い続けようとする習性があるようです。ジレット氏はこうして髭剃りの「替え刃」で大儲けしたとのことです。

　ジレット氏は、髭剃りの柄の部分は安めあるいは無料で提供しておいて、替え刃の価格を高めに設定するというビジネスで大儲けしました。このビジネスを少し抽象度を上げて言い換えると、商品の本体を格安か無料で提供し、付属品・消耗品を継続的に売ることで利益を得るビジネスで、これがジレットビジネスモデルです。

　ジレットビジネスモデルの事例として BtoC ビジネスでは、少し前の携帯電話、家庭用プリンタ、ネスプレッソマシンなど多数あります。BtoB ビジネスとしては、ゼロックスのオフィス用複写機、シスメックスの血液検査装置なども有名です。

　以上紹介したジレットビジネスモデルの〔商品本体と補完品〕をペアで示すと次のようになります。

　　〔商品本体 / 補完品〕
　　〔髭剃り / 替え刃〕
　　〔携帯端末 / 通信料〕
　　〔プリンタ本体 / インク〕
　　〔ネスプレッソマシン / コーヒーの粉入りのカプセル〕
　　〔オフィス用複写機 / コピー数による課金・トナー代〕
　　〔血液検査装置 / 検査試薬〕

２人のクリス・アンダーソン

　このコラムで紹介するクリス・アンダーソン氏は、1961 年生まれの米国人で技術雑誌 Wired の元編集長です。ご存知の方も多いと思いますが今までに次の３冊が大変話題になりました。

　１冊目は「ロングテール「売れない商品」を宝の山に変える新戦略」（参考資料 2）で、アマゾンのビジネスモデルとしても有名です。２冊目は「フリー＜無料＞からお金を生み出す新戦略」（参考資料 3）で、この書籍で紹介されたアンダーソン氏の造語「フリーミアム」は、今ではビジネスモデルのひとつとして定着しています。３冊目は「『MAKERS － 21 世紀の産業革命が始まる』NHK 出版，2012」で、これからの製造業はネット環境や３D プリンタ等のツールの進展により変貌を遂げていくことを解説した近未来本です。クリス・アンダーソン氏によるこれらの提唱は全てネットの活用をいち早く考えたもので、いつも斬新で興味深い内容です。

　話はそれますが、2018 年３月まで NHK で放映されていた「スーパープレゼンテーション」で有名な TED の代表 クリス・アンダーソン氏は同性同名の別人です（1957 年生まれの英国人）。こちらのアンダーソン氏が NHK の「スーパープレゼンテーション」最終回に話した「TED が素晴らしいスピーチを生む秘密」も大変参考になる素晴らしい内容です。8 分弱の動画をネット上で視聴できますので、興味のある方はぜひ一度聴いてビジネス提案の際の参考にされてはいかがでしょうか。

それでは次項から、Wired 元編集長のクリス・アンダーソン氏が
提唱した「ロングテール」「フリーミアム」を軸として関連するビ
ジネスモデルをいくつか紹介します。

フリーミアムってフリーミアムで有名になった？

『フリー＜無料＞からお金を生み出す新戦略』（参考資料 3）では
４つの無料ビジネスモデルが紹介されており、そのうちの３つめが
著者アンダーソン氏が提言するフリーミアムビジネスモデルです。
（フリーミアムは、フリーとプレミアムを組み合わせた造語）
『フリー』で紹介されているひとつめは以前からよくあるビジネス
モデルです。商品を２つ用意して一方を無料か格安で気を引くため
に配り、もう一方で儲けようとするものです。餌（バイト）を撒い
て釣り針（フック）で獲物を釣ることからバイトアンドフックビジ
ネスモデルとも呼ばれます。身近で簡単な例としては、駅前でポケッ
トティッシュを無料で撒いて、その中に入っている広告（例えば近
くの英会話学校や飲み屋さんの広告）で釣り糸を垂れ、魚が引っ掛
かるのを待つビジネスモデルです。
　ふたつめはアフィリエイト（成果報酬型のネット広告）の話で、『フ
リー』では「三者間市場」として紹介しています。ネット使用者が
あるサイトでコンテンツやデータを無料で閲覧したりダウンロード
したとします。コンテンツやデータを載せているサイト提供者はネッ
ト使用者からお金を直接受け取るのではなく、このサイトに掲載し
ている広告の依頼者から広告料をもらうというビジネスモデルです。

　３つめが「フリーミアム」です。最近はこのフリーミアムという
名称はビジネスモデルのひとつとしてすっかり定着しています。

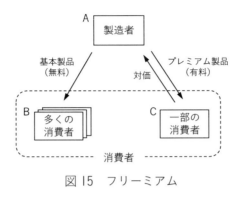

図15　フリーミアム

(参考資料3を基に筆者作成)

　図15のAが商品やサービスを提供して儲けようとする人。図の下半分（BとC）は商品やサービスを受け取る人（消費者）とします。まずAは商品・サービスを多数の消費者に無料でばら撒きます。そうするとBのうち5%ぐらいの人（C）が有料版を買ってくれるとのことで、AはCから十分な対価を得るというものです。ここにはネットを使うと情報を届けるコストは小人数でも多人数でもあまり変わらないという背景があります。フリーミアムでは、多数の人にコストを抑えながら情報発信することにより、たとえその5%ぐらいであっても十分ビジネスとして成り立つというロジックです。5％という数字は保証されたものではありませんが、経験的にこのぐらいはいけるだろうという期待値です。

　フリーミアムの事例としてパソコン同士で顔を見ながら通話ができるスカイプがあります。使用されたことのある方も多いと思いますが実際に無料で使用できます。しかしながらスカイプはきちっと収益を上げて会社を維持しています。どこで儲けているのでしょうか。スカイプのサービスは、大多数の人が使うパソコン同士の通信は無料ですが、パソコンから携帯電話や固定電話への通話は有料と

なっています。一部の消費者がこの有料通話オプションを使うことによりスカイプのビジネスが成立しているということですので、これはフリーミアムビジネスモデルの一例です。

　書籍『フリー』で４つめに紹介されている無料ビジネスではお金の流れの記載がなく、少々不思議な印象を受けます。サービスを受ける者が商品やサービスを無料で得る（閲覧する、ダウンロードする）ことができますが、商品・サービスの提供者にはその対価としての入金がありません。どうやって儲けているかというと、商品・サービスの無料提供者は注目されたり良い評判が立つので、（講演や出版など）別の方法や場所で儲けようとするビジネスモデルです。ダウンロード情報自体を売ることもあるかもしれません。

　アンダーソン氏は、この書籍『フリー』の発刊前に原稿を全てネットで公開しました。このようなことをすると普通は売れなくなると思うのですが、実際にはその行為（無料で発刊前の書籍を読めるようにしたこと）が大変評判となり、多数の人が発刊前に読んだにもかかわらず書籍発刊後も買う人が多くいて（これも５％の人でしょうか）ベストセラーになりました。アンダーソン氏はもともと有名な方でしたが、フリーミアムを提唱した書籍『フリー』をフリーミアムビジネスモデルによりベストセラーにしたということで話題になりました。凄いの一言に尽きます。

アマゾンのビジネスモデルって何？

ロングテール
「ロングテール」は、その直訳が「長いしっぽ」ですので少々中途半端な語感ではありますがビジネスモデルの名称です。図16のB部が（恐竜の？）長いしっぽみたいな感じになっています。

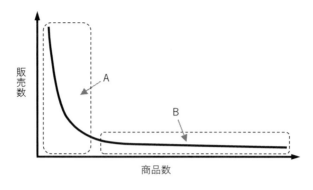

図16　ロングテール

（参考資料2を基に筆者作成）

　これを本屋さんに例えるとA部分がリアル店舗の品揃えになります。本屋さんに行ってもよく売れる本しか置いていなくて、お目当ての本がB部分のため店頭では入手できず取り寄せとなった経験のある方も多いのではないでしょうか。B部分の本の中でも時々売れる本、半年に少し売れる本、数年に1度くらいしか売れない本などその頻度は様々です。

　アンダーソン氏は、ネットを活用すれば在庫を持たなくて済むので取り扱う商品がロングテールのB部分であってもビジネスができると提唱しました。リアル店舗ではスペースの関係で取り扱いが難しかったランク下位商品やレアモノでもネット店舗であればビジネスが可能になるということです。そしてアマゾンはこのロングテールビジネスモデルをネット上で実際に実現し成功させていると言えます。

　ここでアマゾンのビジネスをよく見ると面白いことに気づきます。もともとロングテールは在庫を持たなくてもネット活用で収益を出そうとするビジネスモデルですが、アマゾンは逆に巨大な倉庫

を作り大量の在庫を準備しています。ネット活用で在庫不要が"売り"であったはずのロングテールビジネスモデルですが、アマゾンはあえて在庫を準備することにより「すぐに納品して欲しい」という顧客価値を実現しています。これは在庫を持たない他社にとっては簡単に真似のできない差別化要因となっています。

　ネットの活用でロングテールでもビジネスができることをいち早く提唱したクリス・アンダーソン氏、ロングテールビジネスモデルで他社に勝つポイントは納品スピードであることを見極めてビジネスを成立させたアマゾン、両者に脱帽です。

ＭＳＰ（マルチサイドプラットフォーム）

　それではアマゾンのビジネスモデルではいつも在庫を持っているのかというと、そうでもありません。アマゾンのマーケットプレイスは書籍を取り扱っていますが、出品者（例えば本屋さん）が在庫を持っていてアマゾンは在庫を持っていません。在庫を持つのか持たないのかという視点だけで言うと、アマゾンは前述のビジネスモデル（在庫をしっかり持つ）とは逆のビジネスモデル（在庫は持たない）も実行していることになります。

　アマゾンのマーケットプレイスのようなビジネスを一般名称でＭＳＰ（マルチサイドプラットフォーム）ビジネスモデルと言います。場を提供して出品者にモノを出品してもらい手数料で儲けるビジネスモデルです。こういう場（プラットフォーム）を提供する場合はビジネスが軌道に乗ると規模が大きいほど多くの人が集まり益々大きく強力になっていきます。

　アマゾンのビジネスモデルは今までに紹介したもの以外にも日々斬新なものが提案され実施されているのはご存知の通りです。教科書的に固定されたものはありませんので、日々ウォッチしてその本質的な所を学び取りたいものです。

ペイアズユーゴー（Pay as you go）って何？

　最新のビジネスモデル事例を追い求めるのもいいですが、昔から
ある事例を振返ってみるのも結構いいものです。欧米の新しいビジ
ネスモデルの事例だと思ったものが、実は日本でずいぶん昔に行わ
れていたものであったりして興味深いです。

　ここでは、ペイアズユーゴーと呼ばれる従量制課金システムのビ
ジネスモデルを紹介します。

富山の薬売り

　会社内の研修で若手受講生に「オフィスグリコのビジネスモデ
ルって、昔からある富山の薬売りと同じビジネスモデルだよね」と
わかりやすく説明したつもりが、富山の薬売りのことを知らない者
が多く説明に窮したことがあります。そういう人のために、まず富
山の薬売りについて説明します。

　発祥時期は諸説あるかもしれませんが、江戸時代中期から盛んに
なったようです。富山の薬屋さんが日本各所の家庭を巡回訪問して
薬を置いて回り、年に1、2度、再訪して使用した薬の代金を受け
取るビジネスです（もちろん薬の補充もします）。すなわち富山の
薬売りは顧客が使った分だけ代金を支払うという従量制課金システ
ムを取り入れたビジネスモデルです。

　Wikipediaなどの解説によると、富山の薬屋はこの従量制課金シ
ステムによる収益にとどまらず、蓄積した顧客データ（優良顧客情
報、家族構成、販売した薬の種類、集金状況など）に大きな財産価
値があることから業者間で顧客データ取引までしていたようです。
顧客データの2次利用は昨今のビジネスでもよく行われていること
なので興味深いです。

オフィスグリコ

　私が勤めていたオフィス周辺には売店がないため、オフィス内にオフィスグリコの箱が置いてありました。その箱の引き出しを開けるとお菓子が入っていて、欲しい場合は自由に取り出して1個あたり100円を備え付けの回収箱に入れるというシステムです。グリコレディの方が週に1回お菓子の補充と現金の回収に来ていました。使った分だけお金を払うという意味では富山の薬売りと同じです。（オフィスグリコは、富山の薬売りとヤクルトレディによる訪問販売との新しい組み合わせとも言われています）

　富山の薬売りもオフィスグリコも、顧客は使った分だけ支払えばよいシステムで、これらのビジネスモデルは一般名称としてペイアズユーゴー（Pay as you go）と呼ばれています。

走った分だけ支払う自動車保険

　走った分だけ支払う自動車保険もペイアズユーゴー（Pay as you go）に属します。自動車を少ししか運転しない人にとって、たくさん運転する人と同じ金額の任意自動車保険料を支払うのでは何か割損な気がして保険加入のモチベーションがダウンしがちです。そこで走った分だけの保険料とすることで、少ししか車を運転しない人は保険料が安めになり保険加入の納得感が高まることになります。

　ペイアズユーゴーの特徴（強み）をあらためて説明すると「課金が従量制なので、利用障壁が低く、新規のユーザーを獲得しやすい」というところにあります。

　以上、ペイアズユーゴーに属するビジネスモデルをいくつか紹介しましたが、他にどのようなビジネスがこのジャンルに属するかを考えてみるのも面白いです。いずれにしても自分が考えようとしているビジネスにおいて利用障壁を低くしたい場合は、これらのペイアズユーゴーの事例が参考になります。

本書ではビジネスモデルの事例を簡単に紹介した程度ですが、さらに様々なビジネスモデルの事例を知りたい方は、詳しく解説された書籍が多数出版されていますのでそちらを参考にしていただければと思います。

　本章では、仕事の流れをバリューチェーンというフレームワークで可視化した後に、自分が考えているアイデアを事業として成立させるために押さえるべきポイントを説明しました。事業を機能させるには仕事の流れ（バリューチェーン）を一通り揃えることが必要です。そしてその実現のためには自社の強みや持ち味を発揮するだけでなく、他者の力も上手に借りて連携させる考えにも触れました。

　私が勤めていた会社では、「全てを自分たちでできないか」ということを最初に考える傾向にありました。いわゆる自前主義です。同様の会社も多いのではないでしょうか。昨今の事業内容の高度化や事業展開の速さを考えると、自分たちの強みを活かしながらも他者の力を借りることも必要になってきています。

　本書では他社とのアライアンスの組み方まで言及していませんが、どこかと手を組むときは自分のどこが（何が）強いかを明確に知り、相手の良い所（強い所）も知って互いにギブアンドテイクするのが基本です。自分たちは相手が欲しがるものを持っており相手は自分たちの欲しいものを持っているならば、双方でメリットを享受できる連携を考えるのが定石だということです。例えば、こちらには高度な〇〇技術があるが△△の許認可ノウハウがないので力を借りたいとか、新商品の生産能力はあるが販売網を借りたいなどです。

このような視点を含めて自分が考えている事業案を仕事の流れとして一旦まとめ、さらに次章で説明する視点からその事業案をブラッシュアップさせてビジネスモデルとしてまとめ上げましょう。

参考資料

バリューチェーン

　１）Ｍ.Ｅ.ポーター『競争優位の戦略』ダイヤモンド社, 1985

ロングテール

　２）クリス・アンダーソン『ロングテール（アップデート版）「売れない商品」
　　　を宝の山に変える新戦略』ハヤカワ新書 juice, 2009

フリーミアム

　３）クリス・アンダーソン『フリー＜無料＞からお金を生み出す新戦略』
　　　ＮＨＫ出版, 2009

ビジネスモデル全般

　４）山田英夫『なぜ、あの会社は儲かるのか？ ビジネスモデル編』
　　　日本経済新聞社, 2012
　５）カデナクリエイト『図解＆事例で学ぶ ビジネスモデルの教科書』
　　　マイナビ出版, 2014
　６）三谷宏治『ビジネスモデル全史』
　　　ディスカバー・トウェンティワン, 2014

6章

誰とどのように仕事を
するかまで考える

この章では、自分でここまで考えてきた事業や商品・サービスのビジネスモデル案をベースに、さらに別の視点から見直すことにより少しでも洗練されたアイデアにできないかを考えます。その視点（着眼点）として少なくとも次の３つは押さえておきたいところです。

　１．顧客との関係で工夫できることはないか？

　２．モノを作って売るだけでなくサービスで儲けられないか？

　３．スマイルカーブ理論から何か考えつくことはないか？

　ひとつめは、お客さまとの接点を仕事の流れの最上流（例えば企画とか開発）に持ってくることができれば次の企画を考える手間が楽になるかもしれないという考え方です。ふたつめは、モノの売り切りだけを考えるのではなく場合によってはサービスも視野に入れるといいのではないかということです。３つめは、ふたつめのサービスの話も含みますが、事業をもっと高い視点から（仕事の上流から下流まで幅広く）捉えて考えてみてはどうかという話です。本章では自案のブラッシュアップをめざしてこれらの視点から考えてみましょう。

顧客とのつながり方で工夫できることは？

　ここではそもそも顧客とのつながり方、すなわち顧客との関係というのはどのようなものでどのような具体事例があるのかを中心に説明します。

　商品を顧客に売った場合（サービスを顧客に提供した場合）、売切れで在庫が無くなるとかサービスが途切れることがあります。せっかくお客さまが買おうとしているのに提供できなければ機会損失（儲け損なうこと）を招いてしまいます。売れ筋状況を把握し提

供するものを途切れないようにすることは重要ですし顧客とのつながりを考える最初の一歩です。なかなか手に入らないレア感を出すためにあえて限定生産とする（買いたくてもモノがない状況をつくりだす）作戦もあるかと思いますが、まずは機会損失のないようにするのが基本です。

　顧客の要望にはこのような「いつでも手に入る」というごく基本的なことだけでなく、「このような商品があったらいいのに」「このような商品を開発して売って欲しい」というのもあります。後者のような要望は、仕事の流れ（バリューチェーン）の上流に位置する商品の企画・開発フェーズに影響をもたらすべきものです。

　以前、私はクルマメーカーからの要求に基づいて製品を設計していました。クルマメーカーへ提案もするのですが、最終的にはこれを作りましょうという両社で合意した図面や要求仕様書に基づいた製品を設計し製造販売することになります。そこでは過去から構築されてきたビジネスモデル（しくみ）の中で仕事を進めているため、顧客（エンドユーザー）の要望が設計部署へダイレクトに入ってくるルートはありませんでした。ただし、社内の品質保証部やクルマメーカーから「故障してもらっては困る」「このようなことが起きたが原因はなにか」などのクレーム情報は多数ありました。お笑い話に聞こえるかもしれませんが、少なくとも私が製品設計を担当していた20年以上の間「もっとこのようなものがあると嬉しいのに」「このような使い方ができると面白いよ」などの情報は1件も届かないという顧客との関係の中で製品を設計していました。

　是非はともかく、このように顧客の声が企画・開発へフィードバックされない中で次の商品を提案するとしたらどのようになるでしょうか？　通常は、新しい技術が出てくると、それを使ってより性能の良いもの（高機能化、小型化）を提案することになります。スイッチや機能を増やして「このようなこともできます」と多機能化する

こともあります。このようにして次期型商品を開発すると、それが実現した頃には、さらに次の商品（次期々々型商品）を考える必要が出てきます。その先は、次期々々型のそのまた次の商品開発となり常にさらなる高機能・多機能化、小型化、低コスト化が続くことになり、やがて次の案のネタ切れとなって苦境に立たされることになります。

「どうつくるか」に愚直に対応して儲かっていた時代（高機能、多機能、小型、低価格のモノを作れば結構売れた時代）は終わり、今は顧客が求めるものに迅速に対応することが必要な時代です。そのためには常に「何をつくるか」を考え続けることが重要で、最初の商品を提供した後も、顧客の声やアイデアを仕事の流れの上流にいる企画・開発の人たちにも届けるフィードバックループをつくる検討が重要です。

顧客とのつながりを維持するしくみの事例

　前述のような顧客との関係がないと次の企画・開発に悩むことになりがちです。逆に言うと、ビジネスモデルにこの企画・開発フェーズへのフィードバックすなわち顧客との関係を上手に組み込むことができれば次の企画・開発がずいぶん楽になりビジネスの永続性が増します。以下、顧客の声（提案）を企画・開発フェーズにフィードバックするしくみを設けた事例として、株式会社良品計画の「くらしの良品研究所」を紹介します。（参考資料１，２）

　株式会社良品計画は、説明するまでもないと思いますが、無印良品やMUJIブランドの商品を販売している会社です。そして良品計画は多数の店舗だけでなく、顧客の生の声を聞いて次の商品アイデアにつなげる「くらしの良品研究所」を設けています。ところで「くらしの良品研究所」を街で見かけたことがないのですがどこにあるのでしょうか。それはネット空間にあります。良品計画が提供する

このバーチャルな場所に無印良品ファンが集まり、あれは良かった、こんなものはないの、こうすればいいのになどのやりとりができるようになっています。ここでのやりとりは当然のことながら良品計画の新しい企画アイデアにつながることになります。つまりここでは次の企画はお客さまと創り出すという「共創」の世界が実現されています。

「くらしの良品研究所」はホームページ上で「近い未来の生活に役立つ新しい素材開発やライフスタイルなどにも目を向けていくためにはウェブ・コミュニティーを中心とするお客さまとの相互交流がなにより大切」と述べています。このように商品・サービスの提供側とお客さまとの間で次のアイデアを一緒に考えるしくみを実際に機能させていることは大変参考になります。

　成功しているビジネスをあらためて見ると、次の企画をエンドユーザーと共創の関係で構築してあったり、リピーター顧客を増やすために会員化を図るなどの工夫をしている事例は多くあります。みなさんも自分で考えているビジネスモデルを今一度これらの視点で見つめ直し、より永続性あるものにブラッシュアップできないか考えてみてください。

モノを作って売るだけでいいの？

　ここからはサービスの話をしたいと思います。モノをどんどん作って売れた時代はそれでよかったのですが、昨今は時代の変化とともに高機能だからとか便利だから安いからというだけでは売れるとは限らない時代になっています。モノ自体をより一層魅力的なものに進展させる努力は今後も続ける必要はありますが、その一方で

モノを売ることだけに固執せずサービスの視点を取り入れることも考えたいものです。（ここではモノの売り切りビジネスにどっぷりつかってきた人を対象に説明します。既にサービスの提供まで含めてビジネスにされている方は読み飛ばしてください）

　図 17 は、経産省の『経済社会ビジョン「成熟」と「多様性」を力に〜価格競争から価値創造経済へ〜』（参考資料 3）の中の「製造業とサービスの融合」に掲載されているものです。モノづくりだけでなくサービスも大切であることを示した図で、昨今の状況を考えるとごく自然な図です。私が勤めていた会社は「モノづくりは人づくり」というスローガンを掲げるぐらいモノづくりが中心の業務に取り組んでいました。そのため、この図のように「モノづくり」と「サービス」が同じ大きさで書いてあり、それが ICT で結ばれている概念図を見るとサービスが占める大きさを再認識させられます。

　みなさんが考えようとしているビジネス案にサービスの視点は入っているでしょうか。必ずしも入れないといけないわけではありませんが、今考えているビジネス案のブラッシュアップをめざして一度はサービスの視点からも検討してみてください。

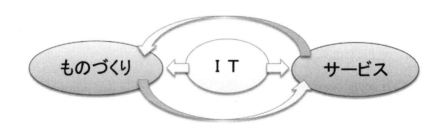

図 17　製造業とサービスの融合

（出所：参考資料 3）

売り切りだけでなくサービスをからめた事例

　身近にあって有名なサービスの事例にオフィスでよく見かける複合機（コピー、プリント、スキャン、ＦＡＸなどの機能を備えたもの）があります。複合機メーカーは、複合機を売り切るのではなく保守点検や備品交換・補充などのサービスで継続的に稼いでいます。

　エレベータ業界も同様です。保守契約を締結していますので新規設置後は特に故障していなくても安全確保のため定期的にメンテナンス（保守・点検）をして対価を得ています。

　ＳＩ（システムインテグレーション）業界も顧客要望のシステムを開発・納入して終わりなのではなく、その後の継続的なサービスの提供で対価を得ています。

　コマツのブルドーザの事例も有名です。ブルドーザに GPS（位置情報がわかるシステム）と遠隔管理システム（コムトラックス、車両の稼働状況が遠隔でわかるシステム）を搭載しており、コマツがブルドーザーを建設会社などに販売した後も顧客との関係を維持しアフターサービスで継続的に収益を上げています。このコムトラックス搭載のブルドーザは、顧客にとっては部品交換や燃費低減に役立つ助言が得られるなどのサービスを享受できますし、コマツ自身もブルドーザから入手した稼働情報を活用できますので双方にとってうれしさのあるシステムです。まさに図 17 の概念図にある「モノづくり」と「サービス」が ICT で結ばれているのを実現した具体例です。

ストックビジネス、サブスクリプション

　フロービジネスとストックビジネスという言葉をご存知でしょうか？　フロービジネスは、商品を企画して製造販売するという今まで多くの日本の製造業が成長してきたビジネスのやり方です。一言で言うと「モノを作って売り切るビジネス」です。

「売り切り」ビジネスであるフロービジネスは、うまくいくと大きく儲けることができるため日本の製造業の多くの企業は戦後の高度成長期にこのビジネスで大きく成長してきました。企業でも個人商店でもお店に並べれば何でも売れると言われるぐらいの追い風の時代でしたので、今までフロービジネスに軸足を置いてきたのは当然であったと思います。

　ストックビジネスはフロービジネス（売り切り）とは対局をなすもので、何らかのサービスでコツコツと稼ぐビジネスです。本書では多くの製造業が行ってきた「モノを作り売って儲ける」フロービジネスと、「サービスでコツコツと収益を積みあげる」ストックビジネスのどちらが良いかを説明しようとしているのではありませんが、作れば必ずしも売れるとは限らない昨今の状況においてストックビジネスについて知っておくことは必須です。

　最近、ストックビジネスと同じ分野で「サブスクリプション」とか「サブスク」という言葉をよく耳にします。これらは、直訳の「雑誌などの定期購読」のように、一定期間にモノやサービスを受け取る（提供する）約束をして、その期間分の代金を支払う（受け取る）ビジネスです（どちらかと言うと支払い方式を指しています）。受け取るモノやサービスは雑誌・書籍に限らず、食材・食品、衣服、映画、シェアカー、住まいなど様々なものにまで拡がっています。モノやサービスの提供側から見ると、「サブスク」というお金の受け取り方法だけを工夫した新ビジネスを展開しても、提供価値が不十分だとそもそも顧客に契約してもらえませんので、やはりまず「誰に」「何を」を明確にすることが重要です。

　みなさんが考えている新しい事業や商品のアイデアを今一度確認し、モノの売り切りだけではなくサービスを含めた視点からも検討し、独自の工夫を入れる余地がないかを考えてみてください。

スマイルカーブを見て何を考えればいいの？

　この用語は、台湾のパソコンメーカーであるエイサーの創業者ス
タン・シー氏が提唱した概念です。図18のカーブが微笑んだ口元
のような形をしていることからスマイルカーブと呼ばれています。
　この図18の横軸は仕事の流れで、モノづくり企業で言うと横軸
の真ん中あたりが組み立て（アセンブリ）や製造に該当します。横
軸の左の方は仕事の流れでいうと組み立てよりも上流側になります
ので、設計や開発、部品やモジュール開発などに相当します。右の
方は製造した商品の販売やサービスが関係してきます。横軸の時間
軸をもっと大きくとらえると、左の方はコンサルティングの分野と
も言えますし、右の方は顧客との継続的な関係に関わる分野とも言
えます。縦軸は、商品の付加価値としていますが収益率と読み替え
てもよいと思います。
　スマイルカーブが示しているのは、微笑んだ口元の真ん中あたり
の組み立て（アセンブリ）や製造に軸足を置いたビジネスの収益性
が最も低く、横軸の上流へ行くほど、あるいは下流へ行くほどその
ビジネスの収益性は高くなる傾向にあるということです。

　それでは、どうして真ん中あたりの収益性が低いのでしょうか。
パソコン業界で説明すると、それはパソコンの標準化が進んでいる
からです。多くのパソコンメーカーのパソコンはほぼ同じ仕様の部
品で構成されています（例えば、CPU、RAM、ハードディスク、キー
ボード、ディスプレイ、USB規格など）。パソコン製造に必要な部
品の多くが標準化されていれば、部品を集めて組み立てるパソコン
製造に対する参入障壁が低くなり多数の企業が参入できることにな
ります。

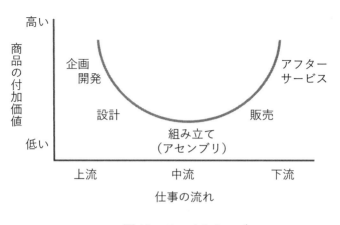

図 18　スマイルカーブ

　その結果、価格競争が激しくなりパソコンメーカーの収益が悪く
なります。これがスマイルカーブ中ほど、つまり微笑んだ口元の真
ん中あたりが一番低くなる（収益性が低くなる）理屈です。

　以上、大雑把な説明でしたがスマイルカーブはもともとパソコン
業界をイメージして提唱された理論です。必ずしも他の業界の全て
のビジネスにあてはまるというものではありませんが考えさせられ
る点は多くあります。みなさんが考えているビジネスモデルをスマ
イルカーブに照らし合わせて仕事の流れの上流側あるいは下流側を
意識し、より儲かるビジネスにできないかを考えてみてはいかがで
しょうか。

摺り合わせと組み合わせ

　スマイルカーブ理論の所でパソコン業界がスマイルカーブの真ん中あたり（微笑んだ口元の中ほど）で収益性が低いのは、標準化された部品を単に組み立てるだけだと多くの企業が参入してきて価格競争に陥るためであると説明しました。すべての企業がこのスマイルカーブにあてはまるわけではありませんが、パソコン業界のように構成部品の標準化が進むとこのような状況に陥りがちです。

　自動車業界はどうでしょうか？　自動車には多くのシステムや製品が搭載されており、新車や新エンジンの開発時にはそれに搭載する各システムの製品をチューニングする必要があります。私がいた職場では「適合」と呼んでいましたが、多数ある制御項目の数値を適合（チューニング）して自動車やエンジンの性能を最大限に引き出す作業をしています。

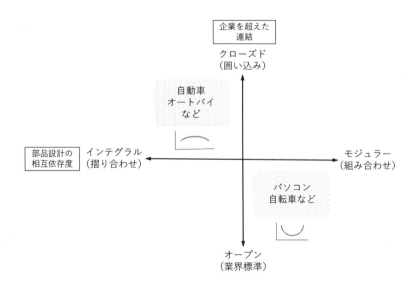

図 19　摺り合わせと組み合わせ

（参考資料 4 を基に作成）

それだけではなく乗り心地などのフィーリングを申し分ないもの
に合わせこむため、人の感性に頼ったチューニングも必要となりま
す（「官能評価」と呼んでいました）。このように適合業務は単純な
組み合わせでできるものではなく結構労力を伴う大変な作業です。
このチューニングの世界のことを東京大学の藤本隆宏教授の表現を
お借りすると「摺り合わせ」と呼びます（参考資料4）。クルマは
構成部品を単純に組み合わせるだけでは造れない複雑なモノです。
そのため自動車産業には、中央部分が落ち込んだスマイルカーブが
そのままあてはまりません。藤本先生の講演を拝聴したことがあり
ますが、自動車産業はスマイルカーブとは異なり中央が少し高い「サ
ムライカーブ（日本刀を逆さにおいた感じのカーブ）」になってい
ると説明されていました。

　自動車業界は今、電動化の波が押し寄せています。将来もし今の
クルマが全て電気自動車に置き換わったとすると、今のクルマより
も構成部品数の少ない電気自動車は標準化しやすくなります。そう
すると自動車産業はパソコン業界のようなスマイルカーブになって
参入障壁を築きにくくなり、その結果多数の企業による低価格競争
に陥って儲けるのが難しくなると言われています。
　他の業界でも同じと思いますが、一般的に摺り合わせ（チューニ
ング）業務は負荷の大きい仕事なのでなんとかそれを低減しようと
標準化する動きをとることになります。標準化が進展すると、誰で
も楽に開発設計できて嬉しくなる反面、参入障壁が低くなり他社と
の競争が激化して結果的に収益性が低くなる可能性があります。

　この説明は戦略の話ですので本書の範囲を超えていますが、みな
さんが考えている事業や商品のアイデアによってはその分野で勝ち
残るための押さえどころになるかもしれないと思い紹介しました。

ビジネスモデルを書き表わしてみよう！

　前章では、自分で考えたアイデアを仕事の流れからみて自社（または自分が所属する組織）のどの部分に強み弱みがあるのか、事業として成立させるにはどうすればよいのかをバリューチェーンの書式を使って考えました。強い所はそのまま自分たちでやっていくにしても弱い所は他社（あるいは自分以外の誰か）と win-win の関係が成立するように考慮しながら連携して事業を成立させることを考えるとよいとも説明しました。

　仕事の流れを書き表わしたバリューチェーンには自分が考えている事業を構成する関係者（組織や人）が浮かび上がってきていますので、それら関係者を書き並べて相互の関係をわかるようにすれば自分が考えてきたやりたい事業をビジネスモデルとして書き表わすことができます。関係者間の相互関係とは、モノ（商品やサービス）の流れ、お金の流れ（誰が誰にどのように支払うか）、情報やデータの流れなどです。

ピクト図解

　ビジネスモデルの表現方法は様々な方から提案されています。そのひとつにピクト図解があります。これは、誰が（Who）・誰に（Whom）・何を（What）・いくらで（How much）の「３ＷＩＨ」に着目し、シンボル記号を用いてビジネスモデルを設計図として表現するためのものです。ピクト図解のシンボル記号は図 20 の通りですので、これらのシンボル記号を用いて自分が考えている事業アイデアをビジネスモデルの図に書き表わしてみてください。

　事業の定義（事業の３要素）は１章で説明したように「誰に」「何を」「どのように」です。ピクト図解のシンボル記号を使うと関係者を

書き並べて相互の関係を表現できるので、事業アイデアの中の「誰に」と「どのように」をわかりやすく図示することができます。「何を」に相当する顧客への提供価値（うれしさ）は「フキダシ」記号を使うことで表現できますので、自分の事業アイデア（ビジネスモデル）全体をわかりやすく伝えることができます。

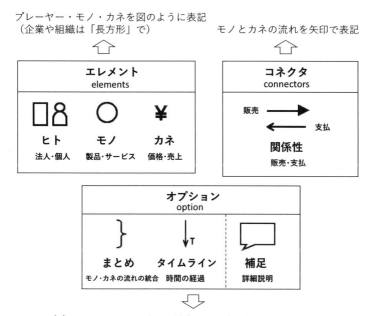

図 20　ピクト図解のシンボル記号（表記ルール Ver2.0）

（参考資料 5，6 を基に作成）

次ページにピクト図解によるビジネスモデル記載例を示します。

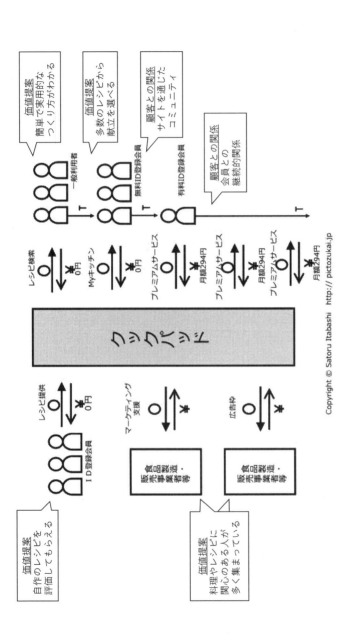

価値提案
簡単で実用的な
つくり方がわかる

価値提案
多数のレシピから
献立を選べる

価値提案
顧客との関係
サイトを通じた
コミュニティ

顧客との関係
会員との
継続的関係

一般利用者

無料ID登録会員

有料ID登録会員

レシピ検索　0円

Myキッチン　0円

プレミアムサービス　月額294円

プレミアムサービス　月額294円

プレミアムサービス　月額294円

クックパッド

レシピ提供　0円

マーケティング
支援

広告枠

ID登録会員

食品製造・
販売事業者等

食品製造・
販売事業者等

価値提案
自作のレシピを
評価してもらえる

価値提案
料理やレシピに
関心のある人が
多く集まっている

Copyright © Satoru Itabashi http:// pictozukai.jp

図21　ピクト図解によるビジネスモデル記載例

（参考資料6、7を基に作成）

「フキダシ」は筆者による改変

120

ビジネスモデルキャンバス

　もうひとつビジネスモデルを書き表わす書式として有名なものにビジネスモデルキャンバスがあります。このビジネスモデルキャンバスは、書籍「ビジネスモデルジェネレーション」（参考資料8）で紹介されたフレームワークで、図22に示す9つのブロックでビジネスモデルを表現します。

　事業の3要素である「誰に」「何を」「どのように」に対応づけてみると、ビジネスモデルキャンバス右上欄の「顧客セグメント」が「誰に」に相当し、中央部の「価値提案」が「何を」に相当します。

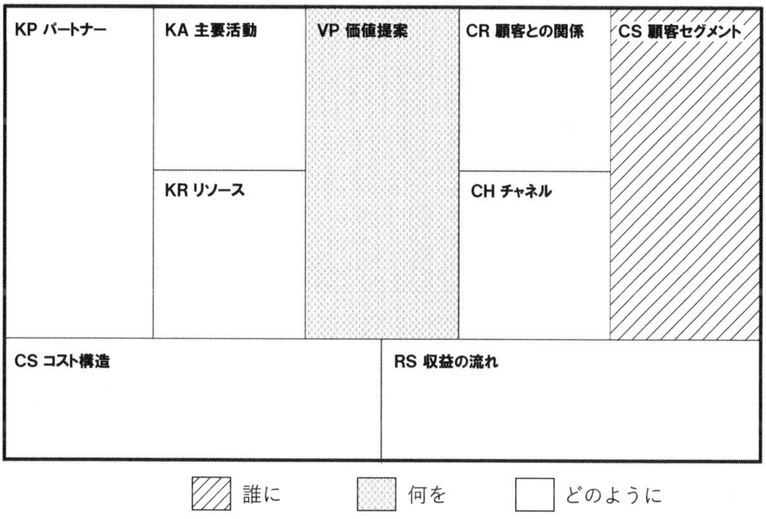

図22　ビジネスモデルキャンバス

(参考資料8を基に作成)

網掛けは筆者による改変

クックパッド（日本最大の料理レシピサイト）

KP パートナー 🔗	KA 主要活動 ☑	VP 価値提案 🖥	CR 顧客との関係 💚	CS 顧客セグメント 👥
サイト開発・運営に関わる関係者 料理・レシピの専門家	料理レシピサイトの制作・運営 サービス開発/提供 データ・ノウハウの蓄積と活用	多数のレシピから献立を選べる 簡単で実用的なつくり方がわかる 自作のレシピを評価してもらえる	サイトを通じたコミュニティ 会員との継続的関係	料理やレシピに関心のある人 ・献立を決めたい人 ・簡単に作りたい人 ・失敗なく作りたい人 ・料理に詳しくなりたい、上達したい人 ・自作のレシピ/料理を皆に見て欲しい人
	KR リソース 💡		CH チャネル 📱	
	多数のサイト閲覧者と登録会員 圧倒的な量と質の料理・レシピデータ	作った料理の写真を掲載できる 料理やレシピに関心のある人が多く集まっている	インターネット （パソコンスマホタブレット） 企業直接(BtoB)	食品メーカー ①広告の掲載希望者 ②データ・ノウハウの利用希望者

CS コスト構造 🏷	RS 収益の流れ 💰
サイト開発・運営費 企業向け営業活動費	有料会員からの月額会費収入 企業からの広告収入、指導料収入

図23　ビジネスモデルキャンバスによるビジネスモデル記載例

122

「顧客セグメント」と「価値提案」を除く７つのブロックは、ざっくり言うと「どのように」に相当します。つまりビジネスモデルキャンバスは事業の３要素が揃っていますので、この１枚（９つのブロックに記載した文章）でビジネスモデルを書き表わすことができるということです。

　９つのブロックのうち「顧客セグメント」と「価値提案」の欄は、今までに説明してきた「誰に」と「何を」に相当しますので特に意識して明確に書き込んでみてください。

　図23にビジネスモデルキャンバスによるビジネスモデル記載例を示します。

　１章からここまでのまとめとして、みなさんが自分の頭で考えてきた新しい事業や商品・サービスの事業アイデアをぜひピクト図解およびビジネスモデルキャンバスを活用してビジネスモデルとして書き表わしてみてください。ビジネスモデルづくり初挑戦でいきなり完璧で凄いビジネスモデルが出来上がることは難しいと思いますが、ここまでに考える順序や重要なポイントなどの学んできたこと（あるいは疑似体験したこと）は間違いなく次に活かせる自分の財産になると思います。

参考資料

顧客との関係を維持するしくみ

1）西野和美『自走するビジネスモデル 一勝ち続ける企業の仕組みと工夫』日本経済新聞出版社，2015

くらしの良品研究所

2）株式会社良品計画 ホームページ https://www.muji.net/lab/

製造業とサービスの融合

3）経済産業省『経済社会ビジョン「成熟」と「多様性」を力に〜価格競争から価値創造経済へ〜』，2012

摺り合わせと組み合わせ

4）藤本隆宏，新宅純二郎『（改訂新版）グローバル化と日本のものづくり』放送大学教育振興会，2019

ピクト図解

5）板橋悟『ビジネスモデルを見える化する ピクト図解』ダイヤモンド社，2010

6）板橋悟『「ピクト図解」考案者が語るビジネスモデルのつくり方（全5回）』DIAMOND ハーバード・ビジネス・レビュー，2014
https://www.dhbr.net/articles/-/2447

7）ピクト図解®メソッド公式サイト
http://pictozukai.jp/philosophy/

ビジネスモデルキャンバス

8）オスターワルダー, ピニュール, 小山龍介（翻訳）『ビジネスモデル・ジェネレーション ビジネスモデル設計書』翔泳社, 2012

おわりに

ビジネスモデルと事業計画書の違いは？

　本書では「ビジネスモデル」の説明をしてきました。本書の中では出てきませんでしたがビジネスモデルと似た用語で「事業計画書」があります。「事業企画書」などの異なる呼称もありますが、ここでは「事業計画書」と呼ぶことにして両者の違いを説明します。

　「ビジネスモデル」と「事業計画書」の違いを簡単に説明すると、後者の方が考える範囲が広く項目が多くあります。もともと「ビジネスモデル」は事業の定義である３要素「誰に」「何を」「どのように」を人にわかりやすくまとめたものですので「事業計画書」の中核部分を占めます。

　それでは「事業計画書」を作成したい場合は「ビジネスモデル」に何を追加すればよいのでしょうか。すぐに気が付くと思いますが、本書で今まで考えてきた「ビジネスモデル」には推進体制（どういう人たちでやっていくのか）、推進日程（どういう時間軸でやっていくのか）が抜けています。そのため「事業計画書」の作成には、「ビジネスモデル」を実現するための推進体制と推進日程を追加する必要があります。

　「事業計画書」ではビジョンやドメイン（事業領域）についても説明するのが普通です。そもそも自分たちは何をめざしているのか、何をやりたいのか、どういう事業領域をやろうとしているのかというのは本来、最初に明確にしておくべきものだからです。１章のところで将来社会像から考え始めた場合は最初から明確になっている

ことになります。ビジョンやドメインは、実際には自分が所属する組織で既に出来上がっていたり後付けで考えながら現実的に整合させていく場合もあるかと思いますので、最初はあまり肩肘張らずに考えましょう。まずは中核に位置するビジネスモデルをしっかり考えることが重要です。

　本書は、事業計画書の作り方を説明するものではありませんが、自分なりに中核となる素晴らしいビジネスモデルを作りさえすれば、後はもうひと頑張りして、何をやろうとしているのか（どのような事業領域で何をやりたいのか）との整合性を持った説明、具体的な推進体制、推進日程の追加、さらに市場規模や収益の見込みも付け足してまとめ上げれば立派な事業計画書を作ることができます。

イノベータになるにはどうすればいいの？

　世間では、イノベータというのは生まれつきの天才のみがなれるのか、後天的な努力でなれるのかが話題になることがあります。スティーブ・ジョブズなどカリスマ的な人の活躍を見ると、イノベータは一部の生まれつきの天才的な人のみがなれるのであって自分はいくら頑張ってもイノベータにはなれないのではないかとつい思ってしまいます。

　ところが嬉しいことに多くの人が「イノベータに必要な要素は後天的に獲得できる」と述べています。ハーバード大学のクレイトン・クリステンセンは「イノベーションのDNA」（参考資料1）で図24のような「破壊的イノベータの5つのスキル」を明示し、これらは後天的に身に付けることができると述べています。

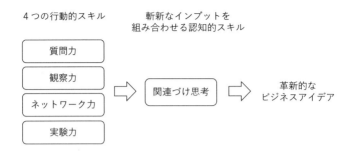

図 24　イノベータになるには

(参考資料 l から抜粋)

　この書籍でクリステンセンは、イノベータのＤＮＡに必要な要素を著名なイノベータ（アマゾンのベゾス氏、スターバックスのシュルツ氏、アップルのジョブズ氏など）にインタビューし５つのスキルにまとめています。それによると、破壊的イノベータが持ち合わせている５つのスキルとは、質問力、観察力、ネットワーク力、実験力、関連づけ思考で、それらの関係は図 24 のようになります。

　ここで興味深いのは、５つのスキルのうちの４つを「行動的スキル」と位置づけ、関連づけ思考は別に「斬新なインプットを組み合わせる認知的スキル」に位置づけていることです。この「関連づけ思考」は、l 章で紹介した「新しいアイデアは既存と既存の新しい組み合わせでつくる」のと同じスキルです。スキルと言ってもそこにはやはりセンスが必要です。さらにクリステンセンは、これら４つの行動的スキルと関連づけ思考を備えることに加え、現状に異議を唱える勇気とリスクを取る勇気があれば革新的なアイデアを生み出すイノベータになれるとしています。

イノベータになるためのいずれの要素も自らの努力と心がけで後天的に習得できるものばかりです。日頃よりこれらのスキル、なかでも「関連づけ思考」を身に付けるよう習慣づけて、みなさんがセンスの良い破壊的イノベータとなりご活躍されることを期待しています。

参考資料

イノベータになるために

１）クレイトン・クリステンセン『イノベーションのDNA　－破壊的イノベータの５つのスキル』翔泳社，2012

（原著は、2011年発刊の『The Innovator's DNA: Mastering the Five Skills of Disruptive Innovators』）

今よりも一歩踏み出して頑張ろう！

　ビジネスモデルづくりは誰でも挑戦できてしかも考えること自体が楽しいと思うのですが、読者のみなさんはいかがでしょうか。一度でもいいので自分で考えたアイデアを自分なりにビジネスモデルに落とし込むまでの体験をすれば、それが多少ちぐはぐな出来栄えであったとしても、ビジネスモデルづくりの押さえどころがどのあたりにあるのかを知る貴重な経験となります。自ら納得のいくビジネスモデルに仕上げるまでには、一度ではなく全体を何度も繰り返して（あるいは途中の各ステップを行ったり来たりしながら）考え続けることが必要です。

　本書はビジネスモデルづくりのスキル本ではなく、「ビジネスモデルづくりのセンス」を身につけるべく「考え方のコツ」を紹介したもので、その考え方を少しでも学び取っていただき、これから新しい事業や商品づくりに挑戦する方の一助となれば幸いです。

　そしてビジネスモデルを自ら考えた人たちが集まり互いのビジネスモデルについてワイワイ議論することが周囲で日常茶飯事のようになることを願っています。

「何をつくるか What の世界」に挑戦する人が多くなれば、自分も職場も活気が出て、社会全体を元気にすることにもつながりますので、みなさん、未来に向けて今よりも一歩踏み出して頑張りましょう。

執筆者プロフィール

慈 博雄（うつみ ひろお）

1957 年 神戸市生まれ。スタンフォード大学にてコンピュータサイエンスを専攻し修士号取得。株式会社デンソーにて電子機器の開発と製品化に 24 年間従事。自動車・小型船舶・二輪車用の 100 品番を超える搭載製品を上市。複数の特許でロイヤリティを獲得。その後、技術研修所にて社内技術者向け研修の企画と指導を担当。商品開発の研修で約 1,500 名の若手技術者を指導するなど事業創造人材の育成に注力。事業創造力強化研修ではデンソー社長賞を受賞。企業における製品開発と人材育成の経験を活かし定年退職後も企業の枠を超え活動中。
みらいコンセプト代表。　　https://mirai-concept.com

執筆協力

慈 智博　根岸 明子

イラスト

マツ / PIXTA

**ビジネスモデルづくりの
センスを身につける**
～ 考え方のコツ、教えます ～

2020年5月24日　初版第1刷発行
2021年3月28日　　　第2刷発行

著　者　慈　博雄
発行所　ブイツーソリューション
　　　　〒466-0848 名古屋市昭和区長戸町4-40
　　　　TEL：052-799-7391 / FAX：052-799-7984
発売元　星雲社（共同出版社・流通責任出版社）
　　　　〒112-0005 東京都文京区水道1-3-30
　　　　TEL：03-3868-3275 / FAX：03-3868-6588
印刷所　富士リプロ

万一、落丁乱丁のある場合は送料当社負担でお取替えいたします。
ブイツーソリューション宛にお送りください。
©Hiroo Utsumi 2020-2021 Printed in Japan
ISBN978-4-434-27376-6